4万人が支持する塾講師が伝えたい

「戦略的高校受験」のすすめ

「中学受験」をするか迷ったら最初に知ってほしいこと

Xフォロワー4.5万
東京高校受験主義
（東田高志）
Takashi Higashida

Gakken

「ウチの子、
中学受験で
いいのかな…？」

「でも…
まわりの友だちは
みんな受験するし、
公立中学は
あまりよくないって
聞くし…」

「だけど…
好きだった習い事も
やめてしまって、
ずうっと勉強、勉強。
正直これでいいのか
わからなくなる…」

悩みを抱える親御さんの気持ち、
よくわかります。
そんな親御さんたちに、

中学受験をしなくても、
●しっかりした学力は身につく。
●大学までのルートも万全。
●遊びや習い事の時間を確保して、
小学生らしい体験をさせる。

こういったことが可能になることを
お伝えしたくて本書を記しました。

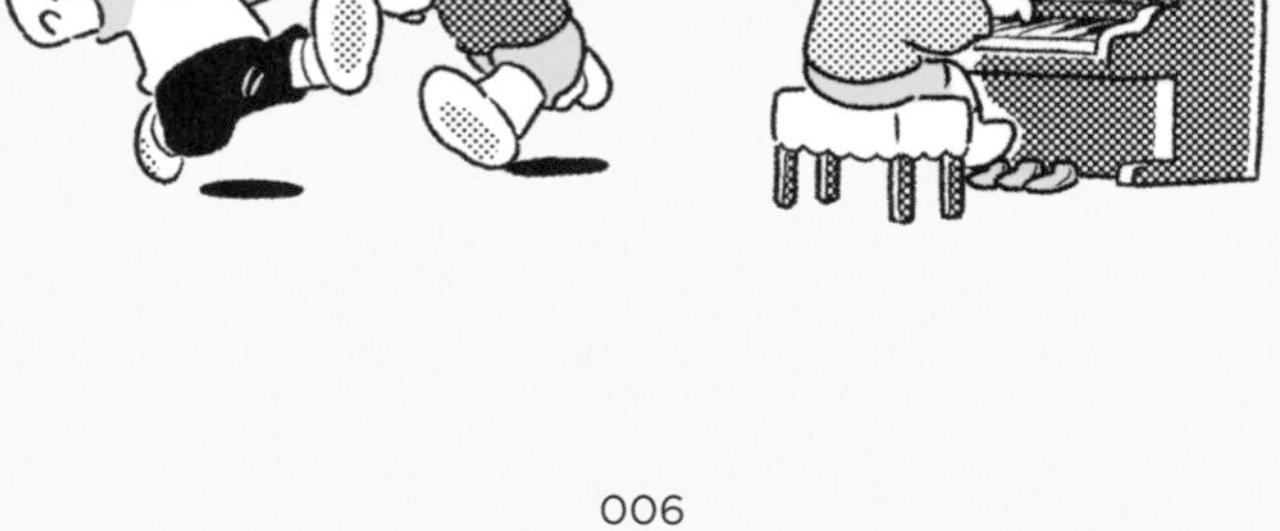

それが
「高校受験」
という道です。
中学受験でなくても、大丈夫。
むしろ高校受験でしか
得られないたくさんの
メリットがあるのです。

中学受験と
高校受験。
お子さんの性格に
どちらが合うか？
この本を読んで、
考えてみてください。

プロローグ
「中学受験」ではない選択肢もある

高校受験の指導者が中学受験を語る意味 …… 016
早生まれや晩熟タイプが極端に不利になる中学受験 …… 018
一番怖いのは自己肯定感の破壊 …… 021
「競争適性」のある子は中学受験に向いている …… 024
「競争適性」は生きているだけで身につく …… 026
経済力のハードルは以前よりも上がっている …… 028
目安は世帯年収1200万、海外研修費用を出せる経済力 …… 031
共働き世帯は高校受験のほうが負担は軽い …… 034
親に求められる「感情をコントロールする力」 …… 036
子どもの「中学受験したい」は「スマホがほしい」と同じ!? …… 039
別学優位の中学受験、共学優位の高校受験 …… 041
習い事を最後まで続けたい人は高校受験が向いている …… 044
英語が強みだと高校受験は有利 …… 046
コラム 中学校受験のプロも〝高校受験〟を選んでいる …… 048
Question 教えて！ 先生 …… 050

第1章 小学生らしく過ごせて、学力も落とさない「戦略的高校受験」の道

「戦略的高校受験」という黄金ルート …… 052
小学校の「英語学習戦術」 …… 056
勉強が得意ではない子は英語学習で救われる …… 059
小学校高学年は英語学習スタートの「適齢期」 …… 062
英会話スクール出身者が直面する課題 …… 066
英検を中心に据えた学習の罠 …… 068
小学校高学年は「自立学習」の土台を築く時期 …… 071
「自立学習」の3ステップ …… 073
18歳を過ぎると「継続力」が価値を持つ …… 077
小学生の「算数学習ロードマップ」 …… 079
コラム 「計算力」を高めると情報処理能力がアップ …… 082
小学校の教科書内容は中学数学につながる …… 084
「割合・比」は時間をかけて本質的な理解を目指す …… 087
難関高校受験の数学は「図形」で決まる …… 089
最強の小学生「数学先取り」戦術 …… 092
小学生の数学学習は最後のブルーオーシャン …… 094
コラム 公文式による「数学先取り」の注意点 …… 097

小学校高学年は「体験活動の黄金期」…… 099
学び・習い事・休みを充実させる「戦略的高校受験」の実例 …… 103
Question 教えて！ 先生 …… 106

第2章 「公立中高一貫校」の受検はあり？ なし？

公立中高一貫校のメリット …… 108
公立中高一貫校を目指した家庭の「悲劇」…… 112
入試に向けた「正しい学習」とは …… 118
「戦略的高校受験ルート」の公立中高一貫校受検 …… 122

第3章 高校受験でおすすめ、「最強」の学習ルート

高校受験の決着は中学入学前に「半分」ついている …… 130
勉強が得意な子の「早期からの通塾」は逆効果になることも …… 134
コラム 都立高校のリアルな通塾率 …… 137
高校受験には二つの学習ルートがある …… 139

得点力強化にリソースを集中投下する「実力養成ルート」……141
実力養成型の塾はどのようなカリキュラムで進んでいるのか……143
併願合格校を見れば学習ルートがわかる……146
実力養成ルートの目安は「オール4」と「駿台偏差値50」……149
コラム **都立高校の夏期講習とは？**……152
中学受験にはない「中学準拠ルート」とは……154
中学準拠型の進学塾の売りは「面倒見の良さ」……156
定期テスト対策が売りの塾にも「実力養成型」のコースがある……159
高校受験で「塾なし」の期間を最大化する……161
Question **教えて！ 先生**……166

第4章 親世代とは違う「内申点」の考え方

親世代よりも評定「5」の割合が倍増……168
「あの中学は内申が甘い!?」内申格差の正体……172
コラム **半分以上が評定「5」「4」を獲得する理由**……174
公立小学校の評定は中学校とは違う……176
公立中学校の「内申点」を決める仕組み……178
定期テストは総得点よりも「観点別の得点率」が大事……181

「授業中の態度」や「挙手回数」は評価から消滅した …… 184
新観点は振り返りシートや発表活動を評価 …… 186
評定の疑問点は担当の先生にきちんと相談する …… 190
合唱コンクールで指揮者をしても内申点には関係ない …… 192
私立高校の加点対策は「検定取得」が有効 …… 195
保護者の「内申書のために」という発言は禁句 …… 199
Question 教えて！先生 …… 202

第⑤章 偏差値だけじゃない！令和の都立高校のリアル

東京都が指定する「進学指導重点校」 …… 204
都立高校の一般入試合格は3パターン …… 209
オール4以下での自校作成校の合格 …… 212
3番手系は共通問題8割以上の得点率が目標 …… 214
日本最強の留学制度「次世代リーダー育成道場」の活用 …… 218
都立高校の出口の変化 …… 222
都立高校受験の進路の多様性 …… 228
Question 教えて！先生 …… 242

Contents

第6章 「私立高校受験の世界」をのぞいてみよう

大学附属校は中学受験よりも入りやすい …… 244
「進学校＋附属校」の併願が高校受験は多い …… 247
大学附属は「2勝1分」を目指す …… 250
コラム 大学受験が得か、早慶附属が得か …… 254
理系は進学校から国公立大学ルートが優勢 …… 256
コラム MARCH附属の多様性 …… 258
MARCH附属は高校受験唯一の「レッドオーシャン」激戦入試 …… 260
MARCH附属校を夢見た受験生の行き先のリアル …… 262
オール4で「日東駒専」の附属校の推薦が見えてくる …… 264
私立高校は「コース制」が主流になった …… 266
私立高校の合格が事前保証される「併願優遇」 …… 271
「学力検査一発勝負」のフリー受験 …… 273
コラム コース制私立高校の注意点 …… 276
中入生と高入生で学力は変わるのか？ …… 278
あとがき …… 282

※本書の内容は2024年1月時点のものであり、主に首都圏の情報を中心にまとめています。また、データの中には著者が独自で調べたものも含まれています。

プロローグ

「中学受験」ではない選択肢もある

「ウチの子、“中学受験”をさせても大丈夫?」
子どもには中学受験向きの子と、
高校受験向きの子がいます。
わが子がどちらのタイプなのか、
見極めることが重要です。

STRATEGICALLY
PREP FOR
HIGH SCHOOL

高校受験の指導者が中学受験を語る意味

高校受験の駆け込み寺である私のもとには、**中学受験から手を引くことを考え始めた、主に首都圏に住む小学5、6年生のご家庭から相談がやってきます**。中学入学時期には、中学受験に挑んだものの期待する結果が得られなかったご家庭からも、山のような相談を受けます。さらに中学入学以降は、私立中学からの高校受験相談も増え始めます。

高校受験が専門なのに、中学受験を語るな、とお叱りをいただくこともあります。でも、本当にそうでしょうか。

「うちの子は中学受験したけど、中学受験の先生よりも、『東京高校受験主義』さんのほうが本音で語ってくれて参考になる」

これはＳＮＳでいただいたリアルな声です。中学受験率の高いエリアで20年以上、塾講師をしながら教育現場を見続け、高校受験を専門にする者にしか見えてこないリアルがそこにあるのです。

私自身、中学受験の指導経験もあり、中学受験の良さは心得ているつもりです。

ただ私立中学受験の世界は、私塾と私立校という民間企業同士で形作られています。そのため、どうしても利益を追求せざるを得ない部分はあり、そこには多額の広告宣伝費が使われることも多く見られます。広告を打たない公立校と比べると、私立校のほうが実際よりさらに良く見えてしまうことや、メディアの「感動のサクセスストーリー」に惑わされることもあるかもしれません。それだけでなく、**高校受験の良くないところだけを誇張して伝え、中学受験に誘導する塾もあるのです**。

もちろん、すばらしい私立中学がたくさんあるのは事実です。ただ一方で、大量の失敗体験も耳にします。「中学受験ありきで子どもを誘導してしまった」「こんな進路もあったと知っていれば……」という親御さんの声を、今までたくさん聞いてきました。

この本は、私立や国公立の中学受験を考えている家庭だけでなく、「うちは地元の公立中学でいいかな」と考えるご家庭にとってもきっと役に立つはずです。これまでご相談に乗ってきた体験をもとに高校受験のプロが語る、初めての「中学受験論」だからです。

本書を読んで、「やはりわが子には中学受験が合っている」と思ったなら、それに従って構いません。逆に「高校受験のほうが合っているかも」と感じたなら、その選択肢を前向きに検討してみてください。

STRATEGIC
HIGH SCHOOL
ENTRANCE EXAM

早生まれや晩熟タイプが極端に不利になる中学受験

まずは、どんな子どもが中学受験に向いているのか見ていきましょう。中学受験への適性を見極めるためには、子どもの成長の特性を把握することが大切になります。結論を先に言うと、**知的好奇心が強く、心の成長が早い「早熟タイプの子ども」は中学受験に向いていると言えます**。

川口大司先生（現・東京大学大学院教授）は、「誕生日と学業成績・最終学歴」という論文で、中学生よりも小学生において、女子よりも男子において、相対的な年齢が学業成績に強く影響を与えていることを明らかにしています。早生まれや晩熟タイプの小学生は、精神的な成長度合いが同級生よりもゆっくりで、努力だけではその差を埋められずに、中学受験では不利になってしまうことがあるのです。

・生まれ月により大きく左右される難関私立中学の合格率

これを裏付ける関西の私立中学の最難関・灘中学校合格者の生まれ月のデータがあります。

4月～6月生まれの子どもは197人が合格（全体の36・4％）という結果に対し、10月以降に生まれた子どもの合格者は大幅に減少し、1～3月生まれにいたっては、合格者はわずか76人（全体の14・1％）にとどまります。中学受験の場合、入試による選抜時期が早すぎて、生まれ月が学業成績に直接的な影響を及ぼしているのです。

最もわかりやすいのは国語の読解問題です。

中学受験は「大人度」を測るテストです。「恋愛感情」をテーマにした小説の出題がその象徴と言えます。

難関私立中学の入試では、三島由紀夫の『豊饒《ほうじょう》の海』が出典だったこともありました。こうなると、**努力量よりもむしろ、生まれ持って定められた〝脳の成長の早さ争い〟**になってしまいます。

このハンデも、15歳まで待てば成長の差が埋まってきます。小学校では体の小さかった

中学受験への適性は親子とも変わってきている

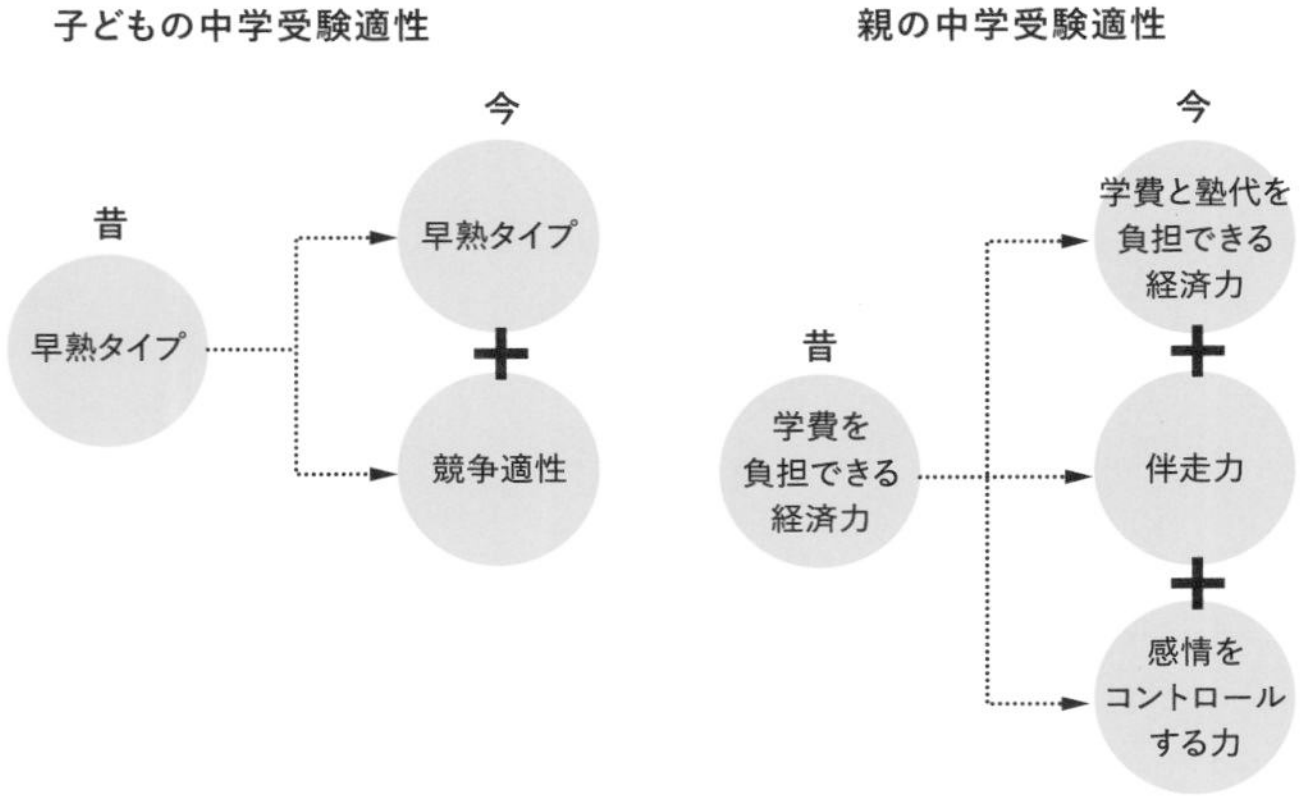

子が中学で急激に成長し、言動も大人びていくのを目の当たりにしたことのある人も多いのではないでしょうか。

高校受験のトップ校・都立国立高校の２０２３年度新入生１６１人の誕生月を独自で調べたところ、４～６月生まれが27人、７～９月生まれが53人、10～12月生まれが35人、１～３月生まれが46人と、受験で不利と言われる早生まれの割合が高いという結果になりました。

早熟タイプの秀才が中学受験で抜け、晩熟タイプが相対的に有利になった可能性を示す興味深いデータです。

一番怖いのは自己肯定感の破壊

のんびりした晩熟タイプが中学受験を経験すると、努力が結果につながらず、学習への意欲を失う恐れがあります。それだけでなく、**〝自己肯定感〟というポジティブに生きていくための感情までもが破壊されてしまうことがあります**。

自己肯定感とは、「ありのままの自分を受け入れ、自分は価値のある人間だと感じることができる心の状態」のことです。自己肯定感が下がれば、不登校やうつ病、自殺につながることもあります。日本人は、外国人に比べて自己肯定感が著しく低いという研究結果もあります。

教育熱の高いエリアの進学塾には、早い段階で「偏差値」や「点数」「クラス」を意識させられ、長期間、劣等感を抱く環境にいたことによって自己肯定感が低下してしまった子どもたちもいます。

・「後伸びする子」の可能性を見落とさない

これは、ある小学6年生の男の子の話です。

母親に連れられて高校受験コースにやって来ました。偏差値は45。塾からは習い事の野球も辞めるよう迫られ、中学受験をやめるかどうかの相談に来たのです。入塾面談の際、彼は終始うつむいていました。

ある日、彼と一対一で話をしました。叱るわけでもないのに、彼は涙をこぼし、「僕はバカなんです」と絞り出すような声で言うのです。彼の自尊感情はボロボロでした。

彼は決して勉強ができないわけではありませんでした。中学受験の日能研・四谷大塚での偏差値は45、高校受験だと「中の上」です。つまり、高校受験組に回った瞬間、彼はどちらかというと勉強ができる人、という扱いを受けるわけです。

たしかに精神的に幼いところがあり、勉強姿勢にも甘さが見られました。こういう子は、**競争の世界からは距離を置いて、じっくりゆっくり育てると伸びます**。中学受験をやめる選択をしたあとは、大好きな野球を小学校卒業まで続けることができました。

その後、彼の性格は一変しました。本来のお調子者、ムードメーカーの性格を取り戻し、中学1年生で初めての定期テストの際には、満面の笑みで点数を自慢してくるようになりました。

中学入学以降は、心身ともに急激に成長し、希望の進路を自分から見つけ、努力できるようになりました。**高校受験という壁のほうが彼には合っていた**ようで、順調に成長しながら、自己肯定感を取り戻していきました。

これは、超難関校に合格したサクセスストーリーではありません。ただ、**自己肯定感を破壊し、ネガティブ思考の塊にさせてしまう受験もある**ということをお伝えしたかったのです。

劣等感をバイタリティに変えられる子どもは、実際にはほんのひと握りです。私はこの本で「自己肯定感の育成」を隠れた重要テーマの一つとしています。中学受験の舞台から思い切って降り、高校受験で自己肯定感を取り戻した子の例をたくさん見てきた私だからこそ、言えることだと思っています。

STRATEGIC HIGH SCHOOL ENTRANCE EXAM

「競争適性」のある子は中学受験に向いている

中学受験のし烈な競争の中で、子どもが備えるべき大事な要素が「競争適性」です。

東京のある大手塾では、**子どもの成績が、クラスのみならず座席順にまで影響を及ぼすシステムを導入**しています。テストの結果が良ければ前のほうに座る、成績が振るわなければ後ろへ。子どもは全員が序列化され、競争が常に子どもたちの日常に影を落とします。

このシステムがもし、〝普通の子〟が中心の高校受験に導入されたら……？ 精神的なプレッシャーで病んでしまう子が続出するでしょう。大人ですら耐えがたいプレッシャーが、10歳、11歳の子どもにのしかかっているのが中学受験の現状なのです。

ところが、競争適性のある子どもたちは、これをまるでゲームのように楽しむことができます。偏差値やクラスが下がっても心が折れることなく、ライバルに追いつこうと闘志を燃やし、勉強への意欲へとつなげます。こういった子にとって、し烈な受験はむしろ「成長のきっかけ」となるでしょう。

偏差値やクラスが上がると、ライバルをしのぐ喜びで自己肯定感が満たされます。スポーツで、敗北をバネにがんばれるタイプの子も同じで、中学受験向きの子どもと言えるでしょう。反対に、いわゆる**〝普通の子〟が現代の中学受験に参加するには、強いプレッシャーに耐えられる競争適性が必要**なのです。

・「競争適性」の低い子は心身に悪影響がある

競争適性の低い子が中学受験に「参戦」してしまうとどうなるのでしょうか。

「うちの子どもが受験ストレスで嘔吐してしまって」

「子どもが円形脱毛症になってしまいました」

「うちの子はアトピーが悪化して、かきむしって困っています」

これらはすべて、実際の保護者の会話です。さらに、ＮＨＫの番組『ニュースウオッチ9』でも、東京の心療内科に、中学受験のストレスで心身に不調が出た小学生の受診が相次いでいるという報道がありました。軽い気持ちで始めた受験でこんなことになるとは……と後悔する保護者の姿がそこにあったのです。

STRATEGICALLY PREP FOR HIGH SCHOOL

「競争適性」は生きているだけで身につく

そうはいっても、現代は「競争社会」です。子どもに早いうちから競争に慣れさせたほうが良いという考えを持っている親御さんもいるでしょう。

しかし、**焦らなくても、競争適性は子どもたちが日常を生きているだけで少しずつ身についていくものです**。クラスメイトの前での発表、運動会の本番、班長への選出、習い事のコンクールや発表会、部活動の試合。読者のみなさんも小中学生のころ、「あのときは緊張で足が震えた」という経験を何度も重ねてきたはずです。これらの経験が、子どもたちに年齢相応のプレッシャーを与え、彼らを強くしていきます。

・高校受験なら、誰もが成功体験を得られる

中学受験をやめた場合、子どもは高校受験をすることになりますが、**高校受験は、競争**

適性の低い子にも選択肢のあるシステムになっています。たとえば、どの学校からも合格通知を得られない子がいないよう、少なくとも1校から合格を得られるように併願優遇《へいがんゆうぐう》(併願確約)という制度が存在します。だれもが一度は「合格」という成功体験を得られるようになっているのです。

一発勝負の緊張感に耐えられない子への対策として、持続的な努力を評価する単願・推薦入試なども設けられています。高校受験は、競争適性のない子にも配慮された制度設計がなされています。

競争心の低い子でも学びへの意欲は高く、勉強が得意であるケースも少なくありません。小中学生を見てきた塾講師としての経験から、こういうタイプの子は、競争心をあおるよりも、学問的な楽しさをたっぷり味わい、学習の成果を他人との比較などに求めないほうが、高いパフォーマンスを発揮することができるでしょう。

STRATEGIC
HIGH SCHOOL
ENTRANCE EXAM

経済力のハードルは以前よりも上がっている

中学受験を考える際、子どもの適性はもちろん重要ですが、同時に家庭の適性も考慮する必要があります。その中でも特筆すべきは、経済力のハードル。あきらかに以前よりも上がっています。

中学受験は高校受験よりも費用負担が重く、**平均通塾期間の長期化と、中高一貫校入学後も塾に通うダブルスクールの常態化によって、かかるお金は一段と増加**しています。

個別指導塾や家庭教師の併用もスタンダードとなりました。家庭教師に講師登録すると、集団指導塾だけでは足りないと焦る中学受験家庭からの依頼がたくさん舞い込んできます。

塾はこれをビジネスチャンスとして入塾の早期化を促し、今や小学1年生からの通塾も増えています。受験準備に必要な費用は増加の一途をたどっています。

せっかく合格してほっとしたのも束の間、先ほど述べた通り、中高一貫校進学後も塾へ通う「ダブルスクール」が当たり前となっており、これも費用増加の一因です。この現象

鉄緑会の在籍生徒数の推移（人）

塾に通う私立難関校の生徒は年々増加している。

学校名	2008年	2013年	2018年	2023年
開成	526	548	807	1125
桜蔭	470	524	735	878
筑駒	338	390	493	609
麻布	158	171	342	493
駒場東邦	111	171	249	330
海城	151	190	319	516
豊島岡女子	69	175	282	452
女子学院	92	101	196	255

（鉄緑会公式 Web サイトより一部抜粋）

は、東京大学受験指導塾の鉄緑会の塾生数の推移にも如実に現れています（上図参照）。

・受け身の勉強から抜け出せず、通塾を続けることに

中学受験が終わったら、ゆっくり学校生活を楽しもうという雰囲気すら、東京の私立中学からは消えてしまいました。中学受験終了後もまた通塾です。

「中学入学生は学校の授業を無視して、塾の内職をしている」（高校から入学した生徒談）と、高校受験から入ったある生徒は、学校の授業を大事にしない中学入学生の姿勢に驚いたと話します。

通塾は上位層だけではありません。受

け身の勉強から抜け出せず、中学進学後に伸び悩む中高一貫校向けの塾が増加傾向にあります。

私の教え子で中高一貫校生専門の学習塾でアルバイトをしているHさんによれば、入塾者の多くは**学習意欲を失い、学校の授業についていけなくなった中高一貫校生**。「高校受験がないことがデメリットになっている子が多い」と言います。特殊なカリキュラムに対応するという名目で、月謝は最低でも4万円と高額ですが、通塾生は多いようです。

通塾率が高まると、塾に通わないという選択は難しくなります。子どもから「周りはみんな通っている」という言葉を聞くと、親は「自分の子だけが塾に通わないのは問題ではないか」と考えるようになります。塾に通わないという選択には、周囲の流れに逆らう勇気が求められるのです。

STRATEGICALLY
PREP FOR
HIGH SCHOOL

目安は世帯年収1200万、海外研修費用を出せる経済力

私立中学受験に必要な家庭の「経済力」の目安はどれくらいでしょうか。

東京における世帯年収としては、最低でも1200万円が必要だと一般にいわれています。しかし、この金額には住宅ローンの返済、老後の計画、海外留学や理系進学の可能性、家族構成といった多岐にわたる要素を織り込む必要があります。

家庭によって状況が異なるこれらの要因を考慮すると、話はさらに複雑になります。2024年4月18日の『現代ビジネス』の記事では、教育事情に詳しいファイナンシャルプランナーが「都内で子2人を私立校に入れるならば、世帯年収1500〜2000万円が最低ライン」と述べています。**1500万円、複数の子どもがいるなら2000万円の年収が望ましい**という声もあるのです。

ひと昔前の週刊誌の調査によると、東京のトップ私立中学の平均世帯年収は、桜蔭中で約1736万円、海城中で約1628万円、聖光学院中で約1561万円となっています。

これは中央値ではないため、子どもの数が1人で生活を質素に保てば、1200万円の年収でも進学は可能だと考えられます。

私の見解では、東京で私立中学に子どもを進学させても問題がないのは、**少なくとも年収1200万円以上を安定して確保**できており、さらには海外研修プログラムなどの参加費用をスムーズに用意できる経済力を有する家庭です。

・都立高校で海外留学や研修に行く選択も

令和に入り、海外研修プログラムへの参加費用は中高時代の新たな教育費になりつつあります。今は、都立高校も私立高校も海外研修プログラムが充実しています。

第5章で詳しく解説しますが、都立高校では、海外研修プログラムも、私立中高一貫校と同等のものが破格の料金で提供されています。私立中高一貫校で1000万円かかる長期留学プログラムが、都立高校生はわずか80万円で参加できます。東京の公立教育は税金の投入が異次元なのです。

都立高校は、安価な海外長期留学制度、公費で無償の海外研修、全都立高校で導入された無償のオンライン英会話など、首都である東京の恵まれた財源の投入を行っています。

「少しでも良い教育を受けさせてあげたい」と無理して中学受験に「参戦」すると、**都立高校受験ルートの子たちが経験できるプログラムへの応募資格を失い、逆に多様な経験のチャンスを失ってしまう事態**になりかねません。

私立中高一貫校ルートに子どもをやるなら、6年間の学費負担、通塾費用に加え、海外研修費用を捻出できる経済力を持っておきたいものです。それに対して、公費の補助が手厚い高校受験ルートなら、費用に左右されず、子どもに豊かな経験をさせてあげることもできるのです。

STRATEGIC HIGH SCHOOL ENTRANCE EXAM

共働き世帯は高校受験のほうが負担は軽い

中学受験は、専業主婦（主夫）世帯のほうが負担が軽いと言えます。

私のもとには、「中学受験の伴走に疲れ果てています」という相談が定期的にやってきます。特にその声を上げるのは共働きの家庭からです。相談に訪れる親たちは、**自分たちの中学受験時代と現代を比較し、「親の負担が増えすぎている」**と苦悩の声を漏らします。

共働き世帯での受験対策は困難を伴います。

仕事から帰宅後も、子どもが塾から持ち帰ったテキストやプリントの整理、苦手科目への追試、暗記物のチェック、学習スケジュールや過去問の進捗状況の管理、そして休日は複雑化する受験情報の収集に追われます。こうした日々を経て、中学受験に全力投球するためにフルタイム勤務を辞めたり、仕事を休職したりする親も少なくありません。

こうした事態は決して稀《まれ》ではなく、現在の中学受験の伴走は、親自身のライフスタイルをも大きく変え、ストレスを増やす傾向にあります。

学習面での伴走が困難で、親御さんが強いストレスを感じる場合、高校受験を前向きに検討したほうが良いでしょう。中学受験は親子の二人三脚。それに対して高校受験は、子どもが前で走りながら、親がそっと後ろでアシストするイメージになります。

・高校受験における親の役割

高校受験における親の役割は、次の３つです。

①子どもの健康管理
②前向きな声かけと激励
③高校の情報収集と選択のサポート

親御さんが感じる負担を軽減し、子どもの自立度に応じて、幅広い学習手段が用意されている高校受験は、学習面での伴走が困難な共働きの家庭にとって、望ましい受験だと私は考えています。

子どもの進学はたしかに重要です。ただ、その過程で親自身が自己犠牲を強いられる、あるいはキャリアをあきらめるといった過剰なのめり込みは控えたいものです。子どもの未来も大切ですが、親自身の人生もまた大切にしなければならないと思います。

STRATEGICALLY
PREP FOR
HIGH SCHOOL

親に求められる「感情をコントロールする力」

令和時代の中学受験は、子どもだけでなく、親にとっても心身の耐久力が試される長期戦。**親にとって最も重要なことが、「感情をコントロールする力」**です。

中学受験の過程では、子どもの弱点が浮き彫りになります。やりきれない宿題、不正行為、塾の無断欠席、危機意識の欠如、理解に要する時間の長さ、成績の低迷――厳しいことを言うようですが、中学受験に挑むと、長期間にわたって「わが子のダメな部分」と向き合うことになります。

親御さんにお聞きします。自分の子どもの「ダメなところ」が露呈したとき、それを冷静に受け止め、対処することができますか。

最近、「子どものやる気がない」と嘆く親御さんや、模試の結果を子どもに詰問する親御さんの話を頻繁に耳にします。私も実際、小学生の模試の結果を追及する親御さんの姿を、何度か目撃したことがあります。あのときの子どもの表情を、今でも忘れることができません。

小学生の子どもは基本的に親に従順です。また、自分の意見を十分に表現する手段をまだ持っていません。厳しいことを言われたら、受け入れることしかできないのです。しかし、その代償を親は後から払うことになります。**過去に放たれた親のひと言が、成人してからも忘れられない傷となっている人は少なくありません。**

・親子の関係を犠牲にしないで

成人した教え子たちとご飯を食べたときに、親の話になることがあります。

「中学受験をしたときに、母親に言われたあのひと言は今でも忘れられないです。あの記憶があるから今でも母親を信頼できません」

子どもを感情的に怒ってしまうなど、感情のコントロールに自信がない親御さんは、親子密着型の中学受験は避けたほうがいいでしょう。

子どもが自己主張をしっかりできる年齢、つまり彼らが親と同等の「声」を持つまで待ったほうが賢明です。15歳くらいになると自我が確立し、親の過剰な行動に対してはしっかり「意見」をするようになります。

子ども時代の楽しい思い出は時間とともに色褪《あ》せるかもしれませんが、親から受けた傷は深く心に刻まれます。

不幸なことに、多くの親はそのことを覚えていないのに、子どものほうは大人になっても記憶し続けています。何よりも大切なのは、親子間の健全な関係です。それを犠牲にしてまで、中学受験に挑む価値があるかどうか、いま一度考えてみる必要があるかもしれません。

子どもの「中学受験したい」は「スマホがほしい」と同じ!?

「中学受験をしたい」と子どもが言ったとき、それが真意なのか、それとも周囲の影響で生じた一時的な欲求なのかを見極めることは、とても重要です。

都市部では、中学受験を志望する子どもが半数を超える学校も珍しくありません。このような学校では、「友達が持っているから自分もほしい」と**スマホを望むのと同じような心理で、「中学受験したい」と言うケースが増えて**います。

この背景には、子どもたちの間で作用する同調圧力があります。

「中学受験をしたい」「塾に通いたい」と言い出す子どもは、中学受験の厳しさや自身の適性を十分に理解していないケースが大半です。

親は子どもの意思を尊重しようと、よかれと思い中学受験塾に入れます。小学4年生ではまだよいのですが、小学5年生ぐらいから、子どもは徐々に学習負担の重さに悩まされ、競争を強いられ、遊びの時間もなく、親子間でのトラブルが発生することもあります。そのとき、親御さんが子どもに追い打ちをかけるひと言を放つことがあるのです。
「自分からやりたいって言ったんでしょ！」

・中学受験塾だけが選択肢ではない

昨今の都市部の中学受験は、一度始めると途中での撤退が心理的に困難となり、罪悪感や敗北感にさいなまれることがあります。このような状況を避けるためには、子どもの「中学受験したい」というひと言に流されず、他の教育的選択肢を検討する視野の広さを持ちましょう。「塾に通いたい」と言ったら、英語塾や学問探究型の塾など、プレッシャーのない環境で子どもの興味や能力を伸ばす塾も検討してみましょう。

数学を究める塾や、公立中学校進学予定者向けの基礎学力を身につける塾もあります。**中学受験塾だけが選択肢ではない**のです。「中学受験したい」と子どもが言ったら、親がわが子の適性をしっかりと見極め、受験のタイミングにも適性があることを伝えましょう。

中学受験の適性が低いと感じる子は、高校の文化祭へ行って、高校受験で進める学校にも多くの魅力があることを体験させましょう。どうしても中学受験をさせたい場合は、**最小限の負担で済ませる公立中高一貫校の受検をするという選択肢も**あります（第2章）。

STRATEGICALLY PREP FOR HIGH SCHOOL

別学優位の中学受験、共学優位の高校受験

保護者の中には、子どもを男女別学の学校に入学させることに価値観を見出す方もいます。特に都市部には伝統的な女子校・男子校が存在し、高校募集を実施していない学校も含まれています。もしも男子校や女子校に入学させたいと強く希望しているなら、中学受験をしたほうがいいでしょう。

12歳の時点での別学の選択は、男女間の違いを単純化しやすいこの年代の子どもたちにとって、魅力的に映ります。男の子は女の子を避けがちになり、女の子は男子を幼稚だと感じることが多いため、同性だけの学習環境に惹かれやすいのです。

しかし、成長とともにその視点は変わります。

中学生になると、以前は別学校を好んだ子も共学校へ興味を示し始めます。この変化は、特に女子生徒に顕著です。**女の子は高校受験時に積極的に共学校を選びたがる傾向が見られます**。女子校から外部の高校受験を希望する子も多くいます。中学生になってから「共学の青春」を知り、都立高校への憧れを抱くケースです。

ある都立高校では、その年の都内私立中学からの入学者17人のうち、7人が女子校出身でした。**共学校を望む場合は、選択肢が多い高校受験がおすすめ**です。

・高校受験は親の意向を反映しづらい

高校受験を迎えるころは、子どもと親の間で異なる視点が交錯する時期です。中学受験が親の意向を色濃く反映するのに対し、高校受験では子どもの自立心が顕著に見られます。親がどんなに理想の進路を描いていても、高校生活を迎える年代の子どもたちは自分の人生に対する考えを持ち始め、「自分の人生は自分で決める」という強い意思を示すようになります。この変化は、親にとっては予期せぬ選択をするきっかけになることも少なくありません。

たとえば、**親が普通科や大学附属校を推奨しても、子どもは専門学科や進学校を選ぶかもしれません**。ですから、子どもの人生のレールをある程度敷いてあげたい親の場合に、**高校受験を選択してしまうと、子どもの希望が前面に出ることになり、親がコントロールできない場面に出くわす可能性**があります。

一方で、自分の道は自分で切り開いてほしいと考えている親にとっては、高校受験のほうが合っていると感じます。中学3年生は「半分大人」です。自己決定の能力は、この段階で大きく発達し、家庭の経済状況や将来のキャリアについても意識し始めます。

高校受験を通じて、子どもが自分自身で情報を集め、考え、決断する過程を経験することは、大人に向けたステップとして非常に価値のあるものになるでしょう。

習い事を最後まで続けたい人は高校受験が向いている

「小学5～6年生の時期に中学受験組はみんなやめてしまう。一番学びの多い時期なのに。これでは習い事をやる意味がないよ」

都内のスポーツ指導者がため息交じりにこう話しました。

中学受験の準備期間が長期に及ぶ首都圏では、その代償として、**自分の趣味を楽しむ時間や、習い事に打ち込む時間が失われます**。

・習い事ややりたいことがある子の選択肢

9歳から12歳の期間は、スポーツや習い事など、多方面で才能や興味を伸ばすための「ゴールデンエイジ」と言われています。

この期間は、あらゆる教育的な活動、体験に打ち込むと伸びるというのが、世界的な考え方です。

文部科学省もこの時期の子どもに、脳を刺激するようなことを積極的に行わせるといいと注目しています。

ところが、日本の首都圏の中学受験の子どもは、世界の潮流と完全に逆行して、受験勉強一色の生活を強いられることが多いのです。

子どもが習い事や特定の活動に情熱を持っていて、それを中断させずに最後まで続けたい場合、高校受験のほうがいいでしょう。

習い事や体験活動を通じて、体力や精神力など、私たちが生きていくために必要だと感じる、学力以外のスキルを獲得することにつながります。

英語が強みだと高校受験は有利

英語力に自信のある帰国生や、習い事として英語を学んでいる子は、高校受験を選ぶと強みを最大限に生かすことができます。

中学受験と英語は相性が悪いといわれています。上位校で英語入試を実施している学校はほとんどありません。帰国生入試は大激戦のレッドオーシャンです。上位校は「英語検定1級」がスタートラインになるほどインフレ化しています。

中学受験の帰国生市場の過熱ぶりは、塾通いにも表れています。都内では帰国子女アカデミー（KA）が合格実績を寡占し、SAPIX化しています。

・難関都立高校には帰国生が多め

習い事として英語を学んでいる子も、小学5年生ぐらいになると、中学受験に専念するために、英語学習をストップすることになります。「英語と中学受験を両立させたい」と考えていた保護者も、あまりの中学受験の勉強量の多さに、途中で断念する結果になることがしばしばです。

高校受験においては、この状況が一変します。**高校受験では英語が重要な科目となり、英語力が合否を左右することが多い**ため、英語に強みがあると優位に立つことができます。中学受験では選択肢にない東京の都立国際高校や国際基督教大学高校をはじめ、日本全国に国際系高校が存在します。

開成高校のように帰国生枠を設けていない学校でも、英語力を生かして入学できることは、中学受験にはない高校受験の大きな特徴です。開成の２０２３年度の入学者アンケートによれば、中学入学者は帰国生が全入学者のわずか１％だったのに対し、高校入学者では13％に跳ね上がります。都立の日比谷高校も同様で、帰国生の枠がないにもかかわらず、学年の10％以上が帰国生です。

小学生で英語学習に力を入れている家庭は、英語力を最大限に生かせる高校受験を選択することをおすすめします。

中学校受験のプロも〝高校受験〟を選んでいる

意外に思われるかもしれませんが、首都圏の名門私立中高一貫校の先生や、メディアに中学受験のプロとして出ている方でさえ、自分の子どもは高校受験を選択させている例を私はかなり多く知っています。

何年か前には、有名都立高校に名門私立中高一貫校の先生のお子さんが同時にたくさん入学したことが一部で話題になりました。

共通していることは、中学受験ありきではなく、冷静に子どもの特性を見て判断していることです。

「ウチの子は成長がゆっくりで、睡眠時間も多く必要とするタイプのため、中学受験の塾通いは睡眠不足になり、身体の成長に悪影響が出ると判断し、受験はさせていません」

「ダンスの習い事に熱中しています。小学6年生の最後まで続けたいという本人の意思を尊重して、中学受験はしませんでした」

「早いうちからの競争で心身に不調をきたした子を知っているので、小学生のうちは偏差値や受験競争とは距離を置く方針です」

「英語に力を入れていて、中学受験で英語学習を途切れさせたくない。家計的に私立中学に進学させると長期留学が難しくなるので、高校受験から都立高校へ進学して、都立生向けの海外長期留学制度をフル活用したい」

こんな保護者の声が実際にあるのです。

これは中学受験経験者も同じで、名門私立中高出身の保護者が、意外にもわが子については高校受験を選んでいます。

「親に人生を決められてしまった思いがあるので、自分の子どもには自分の意思で進路を決めてもらいたい」

「今の中学受験は過酷なので、子どもにすすめていいのか迷う」

私の印象だと、情報をあまり持っていない人ほど、周りに流されて中学受験をさせなければならないと焦っているように思います。逆に情報をたくさん持っているほど、落ち着いて判断しているようです。

Question：教えて！ 先生

**公立中学校は荒れていると聞きます。
子どもを入学させるのが心配です。
やっぱり、私立中学のほうが
いいのでしょうか？**

学校公開日などに見学に行ってみましょう。

公立中学校の状況は地域によって違います。私は首都圏の公立中を多く見学していますが、最近では、荒れている学校はほとんど見られなくなっています。小学校で学級崩壊が起きている例はありますが、それがそのまま中学の荒れにつながることは、意外に少ないです。今の公立中の授業は、一人一台端末を使い、ICTを駆使した質の高い授業を行なっています。数学は習熟度別授業も行われ、手厚くサポートしてくれます。親世代の公立中のイメージとはかなり違うことに、驚かれるのではないでしょうか。また、ほとんどの学校で、学校公開日（昔の授業参観）は地域の人にも開放していますので、心配な場合は見学に行ってみるといいでしょう。なお、いろいろな事情で学区の中学に入学したくない場合、学区外の中学に進学できる自治体も増えていますので、一度問い合わせてみてください。

第1章

小学生らしく過ごせて、学力も落とさない「戦略的高校受験」の道

小学生の時期をのびのび過ごし、学力も落とさない
「戦略的高校受験」という道があります。
高校受験時に蓄えた力を最大限に発揮するための
進め方や注意点も紹介します。

STRATEGICALLY PREP FOR HIGH SCHOOL

「戦略的高校受験」という黄金ルート

中学受験には合う子、合わない子がいて、家庭にも適性があると前章では述べました。「うちは高校受験が適しているかもしれない」と思った親御さんもいるでしょう。

ところが話はそう簡単でもありません。**中学受験率が跳ね上がった都市部で中学受験をしない選択をするのは、周囲の同調圧力に従わない勇気のいる選択**だからです。

たとえば文京区のように中学受験率が50％を超える地域では、高校受験を選択した家庭は「子どもが放課後に遊ぶ友人がいない」という問題に直面します。小学4年生にもなれば、ほとんどの子が塾に通うようになる東京都心部では、友人と放課後に遊ぶ光景は消滅しています。

さらに、「大学受験は中高一貫校が有利」という言説に囲まれながら、中学受験を選ばなかったことに対する不安にさいなまれる保護者も少なくありません。

私が推奨するのは、中学受験の道でもなければ、一般的な高校受験の道でもありません。

「戦略的高校受験」という第三の選択肢です。これこそが、中学受験を意識せざるを得ない公立志向の家庭の最善の道だと思っています。

・戦略的高校受験の三本柱

「戦略的高校受験」とは、子どもの可能性を最大限に引き出すために私が提唱する新しい教育のアプローチです。

小学生時代の自由な時間を、多様な体験や習い事、趣味に充てつつ、将来の高校・大学受験への準備を戦略的に進め、子どもの個性や才能を伸ばすことを目指します。「うちの子、中学受験は少し向いてないかな……？」と思いつつも、「よい教育を与えてあげたい！」と望まれるご家庭の場合、この教育ルートをおすすめします。

①子どもが熱中する習い事や活動をする

小学生の時期は、子どもの好奇心が旺盛な、貴重な時期です。この時期を「余白の時間」と捉え、子どもが情熱を持って取り組む活動に割きましょう。たとえばスポーツやプログラミング、ロボット教室、歴史、絵画、ボーイスカウトなど、子どもの興味や才能を最大限に引き出す「種まき」に徹します。この時期を通じて、大学進学や将来のキャリアでの専門性、そして人生の軸となる趣味や特技を見つけます。

②英語学習を進める

小学生のうちから英語を集中的に学習していきます。中学受験で中断することなく、英語学習に時間をたっぷり割けることは高校受験ルートの特権です。高校受験の有利さのためだけでなく、将来のキャリアや人生においての重要なスキルとして位置づけ、戦略的に進めていきます。

③自立学習の習慣を身につける

算数や国語は、子どものキャパシティを超えるような量を課すのではなく、大人になってからも役立つ「自立学習」の習慣を身につけます。一部に中学受験内容を取り入れたり、優秀な子は数学の先取りをしたりすることで、小学生らしい生活と両立しながら、高校受験ルートで中高一貫校組に負けない学力を養っていきます。

「戦略的高校受験」の核心は、子どもの夢や興味を追求する時間と、将来の受験を見据え

戦略的高校受験のポイント

英語学習
▶グローバル社会を生き抜く語学力の獲得
熱中する習い事や活動
▶将来のキャリア形成につながる専門的な知識
▶人生の軸となる特技・趣味
自立学習習慣
▶社会に出ても学び続ける力
10

た学びの両立です。

・「余白の時間」を活用して、創造力や自己肯定感を育む。
・熱中する習い事や活動を通じて、専門的なスキルや知識を獲得する。
・塾に頼らない自立した学習習慣を身につける。
・高校受験や大学受験に向けて、戦略的に学力を向上させる。
・英語を生涯の強みとして習得する。

以上を「戦略的高校受験」の目指す理想として、全国の高校受験組のご家庭にすすめたいと思います。

STRATEGIC
HIGH SCHOOL
ENTRANCE EXAM

小学校の「英語学習戦術」

英語の学習は、「戦略的高校受験」の三つの柱の一つです。高校受験ルートに決めたら、小学生のうちに英語を学習しましょう。英語に注力する理由は次の二つです。

①努力が実を結ぶ科目

英語は投入した時間や努力量がスキル向上としてはっきりと表れます。才能や発達のスピードにも大きく影響される数学と比較して、英語は努力が報われやすい科目といえます。自分に合ったスピードで学習を進め、英検などの検定試験に挑戦することで、「努力が報われる」経験を積み重ね、自己肯定感を向上させることができます。

②高校受験や大学受験で有利

高校受験では、英語はどの高校を受験するのにも必要な重要科目です。都立の上位校は

商学部の大学入試配点の一例

早稲田大学商学部（一般）	**英語80点** / 国語60点 / 地歴・公民60点
早稲田大学商学部（英語4技能利用型）	**英語80点** / 国語60点/ 地歴・公民・数学60点＋**外部英語検定 5点**
明治大学商学部（一般）	**英語150点** / 国語100点 / 地歴・公民・数学100点
明治大学商学部（学部統一入試）	**英語 200点** / 国語150点 / 地歴・公民・数学100点
明治大学商学部（英語4技能利用方式）	**英語300点** / 国語150点 / 地歴・公民・数学100点

自校作成問題と呼ばれる独自の英語入試問題を課し、平均点はおおむね60点前後です。この科目で＋20点、＋30点取れるだけで、合格がぐっと近づきます。また私立高校では、英検の取得が入学試験の加点対象となることが多く、たとえば桐光学園高のように、一定の英語能力を証明することで推薦入学の道が開かれることもあります。英語を得意科目にすれば、高校受験を有利に進めることができます。

・大学受験では英語の配点が高いところが多い

高校だけではありません。大学受験においては、英語は高校受験よりはるかに重要です。理系・文系を問わず要求される科目であり、**多くの試験では英語の配点が最も高く設定**されています。

大学入試には「英語4技能試験」という、保護者の時代にはなかった新しい試験形態が新設されています。この試験は、リーディング、リスニング、ライティング、スピーキングの4技能を評価し、得られたスコアに基づいて、大学入試の点数加算や英語試験の免除が行われるシステムとなっています。高校生が受験する代表的な検定としては、英検、GTEC、TEAPなどが挙げられます。

小学生のうちから学習して習得した英語のスキルは、高校受験だけでなく大学受験を有利に進める強力な武器となります。

STRATEGICALLY PREP FOR HIGH SCHOOL

勉強が得意ではない子は英語学習で救われる

小学生の英語学習は、勉強が得意な子の専売特許ではありません。**勉強が得意ではない子にとっては、小学生のうちに英語を学習することで、中学校での学習の「守り」の策として機能**します。

公立中学の英語のレベルは、驚くべきスピードで上がっています。２０２０年度の学習指導要領の改訂、小学校の英語教育の必修化が転機でした。中学3年までに習得すべき単語は１２００語から１６００～１８００語へと増加し、高校で学ばれる仮定法や原形不定詞などの文法事項が中学に降りてきました。

この変化は、学力が高い子にはチャンスとなりました。公立中学校の生徒は、難しくなった定期テストにもしっかり適応することで、英語力が大幅に向上し、大学受験へスムーズに進めるようになったのです。

しかし、逆に**勉強が得意ではない子にとっては、中学1年という早い段階での挫折のリ**

スクが増加しているのも事実です。入学前に基本的な英文法や単語の綴《つづ》りをある程度習得していないと、中学校の学びの速度に適応することが難しくなります。

・中1の英語が大変だ！

高校受験指導の現場では、初めて英語に触れる中学1年生が、最初の定期テストに苦戦する光景が以前にも増して目立っています。

ある中学校の最初の定期テスト範囲を紹介しましょう。

［ある中学校の中1英語の最初の定期テスト範囲］

・アルファベット／あいさつ／月、数字／be動詞／一般動詞／助動詞can
※これらは小学校の復習として中学で学ぶ内容。

いかがですか。多くの学習塾が「中1の英語が大変だ！」と厳しさを訴えているのはセールストークではなく事実です。

小学生の時期からじっくりと英語の土台作りを始めれば、中学入学後につまずき、中学校の授業についていけなくなるリスクが減ります。

文部科学省のデータによれば、高校3年生の約48・7%が英検準2級相当以上の実力を持っているとされています。この数字は教員の判断も含まれるため参考程度とはいえ、**高校3年までに準2級を取得することで全国平均、英検2級を取得すれば上位層に位置することができます**。

勉強に自信がない子どもでも、小学校高学年に中学の内容をひと通り学習し、英検3級レベルのスキルを身につけることで、中学3年時に準2級、高校3年時には2級を無理せず目指す流れを作り出すことができます。

英語学習は「努力で伸びる科目」であり、早期の取り組みのメリットを生かすことで、勉強が得意ではない子も英語を得意分野にすることができ、自信を持って取り組むことができるのです。

STRATEGIC
HIGH SCHOOL
ENTRANCE EXAM

小学校高学年は英語学習スタートの「適齢期」

小学校高学年は、早すぎることも、遅すぎることもない、私がイチオシの英語学習スタートの適齢期です。勉強が得意な子も苦手な子も、全員におすすめするスタートラインです。

小学校高学年になると、抽象的な思考力が徐々に発達し、英文法を中心とした効果的な学習が可能になります。高学年でスタートすると結果の再現性が高く、また保護者のサポートも最小限で済むのが特徴です。

さらに、学校教育においても5年生から英語が正式な教科として導入されるため、英語学習を開始する動機やきっかけとなりやすく、自然な流れで英語を開始できます。

この時期に英語学習を始めるメリットとして、英会話スクールや4技能を重視した英語塾だけでなく、多くの進学塾が先取りの英語講座を提供している点も挙げられます。たとえば、ある大手塾では、小学5年生から6年生の間に中学レベルの英文法を完全にカバーするカリキュラムが展開されています。このような学習は、**中学受験をしない余裕があるからこそ実現します。**

［ある大手塾の2年間の学習カリキュラム］

・小学5年生
be動詞／一般動詞／疑問詞／代名詞／複数形／助動詞／現在進行形／過去形／未来形／接続詞／There is ～の文／ＳＶＣ／ＳＶＯＯ／動名詞／不定詞／比較

・小学6年生
be動詞の過去形／過去進行形／ＳＶＯＣ／受動態／現在完了／不定詞応用／分詞／関係代名詞／間接疑問文

・2～3年程度の先取りを目指す

またこの学習ロードマップは、中学以降の英語教育との相性がとてもいいのです。文法中心の学習は、「定期テストや高校受験で役立ってほしい」という親御さんの期待を現実的に満たしてくれる策でもあります。ただ、注意してほしいのは、高学年からのスタートは、幼少期の早期教育の英語とは違うということです。

どういうことかというと、幼少期から英語学習をスタートした子に見られる、「小学6年生で英検準1級取得！」などといった派手な成果をもたらすものではないということです。**目指すところは、通常の学習ペースに比べて2～3年程度先の学習**です。

さらに、文法を中心とした学習の特性上、リスニングやスピーキングの学習がおろそかにならないよう注意が必要です。

たとえば、**都立高校入試では英語におけるリスニングの配点が20%を占め、2023年度よりスピーキングテストも導入**されました。週に1回はオンライン英会話を取り入れるなど、4技能をバランスよく育成したいところです。4技能のバランス感覚を初期から持つことで、文法に偏りすぎない効果的な学習経験を築くことができるはずです。

英語の「先取り学習」のススメ

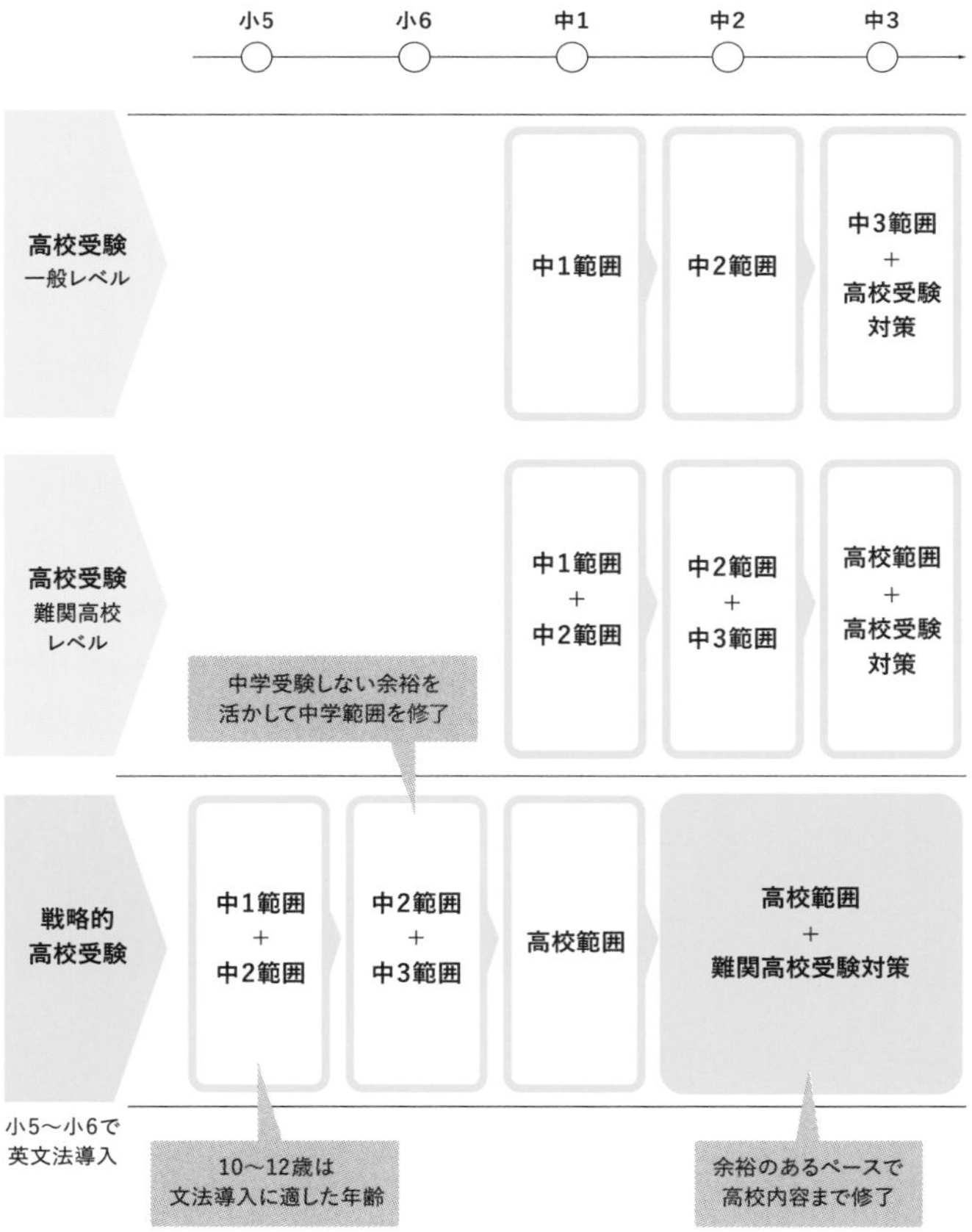

STRATEGICALLY
PREP FOR
HIGH SCHOOL

英会話スクール出身者が直面する課題

中学校では、**英会話スクール出身の生徒が英語のテストで思うような結果を出せない**ことがあります。小学校の初期段階から英会話スクールに通っていた塾生が、中学の最初の定期テストで厳しい結果に直面するケースをたびたび目撃してきました。英語が得意だと思っていた子どもはすっかり自信をなくし、安心していた保護者も、この現実に打ちのめされます。なぜでしょうか。

英会話スクールの学びは、主にスピーキングやリスニングです。小学校低学年の子どもはまだ、抽象的な思考や論理的な理解が未熟なため、直感的なアプローチが中心です。

しかし、中学に進むと、一転して文法の正確さやスペリングの精度が要求されるようになります。この急な変化に適応できず、テストでの失点が増えるのです。

この問題の根源は、英会話スクールが不適切だからではありません。それよりも、**文法やライティングの学習がおろそかになっている**ことにあります。特に、**週1回の英会話ス**

クールだけでは、中学での英語学習に必要な文法の基盤を作ることはできません。

英検3級程度ならば、文法やライティングのスキルが完璧でなくても合格します。その結果、親御さんは「中学卒業レベル」とされる英検の合格に安堵し、文法対策の必要性を見過ごしてしまうのです。

・小学校高学年から英文法の学習を

解決策としては、小学校高学年から英文法の学習を本格的に始め、ライティングのスキルも併せて鍛えることです。**英会話スクールでの実践的な学習と、文法の学習を組み合わせることで、4技能をバランスよく伸ばすことができます。**

「英会話スクール出身者は中学の英語でつまずく」という高校受験塾の見解はある意味、事実ではあります。しかし、紹介したような学習を行えば、英会話スクールの経験者も中学の英語で十分な成果を収めることができるようになります。

英会話スクールで培われた実用的なスキルと、英文法の学習を通じて得られる理論的な知識を組み合わせることで、英語の習得速度は劇的に加速します。この段階に達すると、親子共に「英会話スクールに通って正解だった」と感じることができるでしょう。

英検を中心に据えた学習の罠

同じように中学入学後に苦労する傾向にあるのが、英検中心の学習をしてきた生徒たちです。小学生時代に英検3級（中学卒業相当）を取得して自信満々で入学したら、定期テストで全然点が取れない、模試の成績も上がらないという声をよく聞きます。なぜ苦戦する子どもが多いのでしょうか。

英検の問題構成は、曖昧な知識でも解答可能な4択問題が中心です。加えて、ライティングの部分では、テンプレートを丸暗記することで、ある程度の点数を獲得できるのが実情です。正確な英文法力を試す書き換え、和文英訳、誤文訂正などの問題も見当たりません。このため、**英検3級を取得したとしても、実際の英語力がそのレベルに達していない**場合が少なくありません。

中学や高校での試験や学習は、正確な英文法やライティング能力が求められるため、この英検とのギャップが生徒の学習の障害となります。

英検5級を取得したばかりの生徒は、次のステップとして英検4級の対策を始める前に、一度自分の知識を振り返る必要があります。5級の内容を本当にマスターしているのか、中学1年生レベルの文法や単語のスペリングは完璧にできるのか。これを確認しないで、次のステップに進むと、学習の基盤が不安定なまま進むことになります。

実際、英検の合格を追い求めるばかりで総合的な学習を怠ると、後の学習過程で**「英検○級を取得したのに、模試では満足のいく成果が得られない」**という結果を招くことがとても多くなるのです。

・中学1年生相当の英文法力って？

もしお子さんが英検5級以上を保有しているなら、70ページの中学1年生相当の英文法問題を試してみてください。4問以上正解すれば、かなり順調といえるでしょう。

私の指導経験からすると、英検のみの学習に焦点を当てていた生徒は、3級を取得している場合でも苦戦します。もしかすると1問も解けないかもしれません。ですが、安心してください。今の段階で認識して対応すれば、十分に克服できます。

このような文法問題への対応力も身につけていくには、体系化された英文法を緻密に教

中学1年生レベルの英文法問題にチャレンジ！

(1)　あれはリンゴです 。
(　　　　　)(　　　　　) apple.

(2)　Bob has a child.　[下線部をたずねる文に書き換えなさい]
How　(　　　　　) (　　　　　) (　　　　　) Bob have?

(3)　He read the newspaper this morning.　[否定文に書き換えなさい]

(4)　He plays soccer well.　[ほぼ同じ意味になるようにしなさい]
He is a (　　　　　) soccer (　　　　　).

(5)【 do / animal / like / what / you　】?　[正しい順番に並び替えなさい]

（答え）
(1) That' s an　(2) many children does　(3) He didn' t read the newspaper this morning.
(4) good / player　(5) What animal do you like?

えてくれる塾を選ぶのがベストです。それが難しい場合、映像授業での文法の学習や、文法問題集の利用がおすすめです。週に1回家庭教師に来てもらって、英文法の定着や単語テストを行うことも効果的です。

英検の合格は、学習の努力を形にする手段であり、モチベーションを高める良いツールとなります。ですが、それを目的とするのではなく、あくまでも学習意欲の向上の一助として位置づけるといいでしょう。

焦って3級を取得するよりも、しっかりと基盤を築く5級の取得を目指すのが得策です。

小学校高学年は「自立学習」の土台を築く時期

小学校高学年は子どもの自立学習の土台を築く絶好の時期です。親御さんがこの時期の子どもにできることは、「自分で目標を決め、その目標に向かって学習計画を立て、実践する力」を身につけさせてあげることです。

言うのは簡単ですが、実践させるのはなかなか難しいのが現実です。

総務省統計局の調査によれば、日本の社会人の1日の平均学習時間はわずか13分であり、これはアジアや欧米諸国と比べても最下位の部類です。受験勉強で受け身の学習習慣が身につき、その結果、社会人になると自発的に学習する習慣が減少してしまうのです。

私たち大人は、大学生や社会人になってから「自分から学ぶ力」の大切さに気がつきます。世の中で成功している人々は、起業家であれ、キャリアアップを果たしている会社員であれ、常に学び続けています。**現代社会では、学歴以上に自立学習の能力が成功のカギを握っています**。

・自立学習の習慣は社会に出ても役立つ

首都圏の中学受験の動向を見ると、**小学6年生時点の短期的な成果を求めるあまり、自立の価値が置き去りにされています。**小学生の学習能力をはるかに超える学習量が要求されれば、子どもが自ら目標を立てて学習することが難しくなり、親や塾によるがんじがらめの管理に頼らざるを得なくなります。それでも、一時的な学力向上は期待できるかもしれません。

しかし、長期的に見た場合、**自立学習の習慣が根づいた子どもたちが追い抜きます。**これは、小中学生の教え子が社会人になるまでの成長を見てきた、私の結論です。

小学校高学年を過ぎるころからの親の過度な介入は、子どもの成長の障壁となります。親が干渉を控え、短期的な成果を急がず、失敗も許容する心構えで、子どもの自立を促しましょう。次の項目で具体的なやり方を紹介します。

STRATEGIC
HIGH SCHOOL
ENTRANCE EXAM

「自立学習」の3ステップ

自立学習は3つのステップに分けられます。小学生時代は、その基盤を形成する重要な期間です。

ステップ1：「継続力」

最初の一歩は継続力です。たとえば、算数ドリルを毎日2ページ進める、または英単語を1日10個暗記するといった、継続的な取り組みを確立することです。親の監督なしで、自分の力でこれを継続することができれば、ステップ1はＯＫ。子どもが取り組みやすい問題集や、通信講座を活用することで、この段階をしっかりと支えましょう。

ステップ2：「問題解決力」

続くステップは「問題解決力」です。覚えられない英単語を繰り返し書き取る、意味がつかめない語彙《ごい》を辞書を引いて調べる。また、未知の問題に直面したときに、ああでもない、こうでもないと思考をめぐらす、疑問を先生に聞く――〝受け身の学び〟から、〝本格的で能動的な学び〟へとシフトするステージです。

ステップ3：「計画設計力」

最終段階として立ちはだかるのは、「計画設計力」です。たとえば、2週間後に迫った定期テスト範囲から逆算して、自らの学習戦略や時間配分を考える能力のことを指します。このステージでは、試験日や勉強すべき範囲を見据え、効率的な学習プランを立て、その通りに実行することが重要となります。子どもによってはなかなかハードルが高いステップですが、この力がつけば、目の前の障壁だけでなく、遠くの山頂にも自分の足で到達する力がつくでしょう。

・まずは小学生のうちに「継続力」をつける

「うちの子には無理！」という親御さんの声が聞こえてきそうですが、焦らなくても大丈夫。まず、全ての小学生が身につけてほしいのは、ステップ1の「継続力」です。

「自立学習」の3ステップ

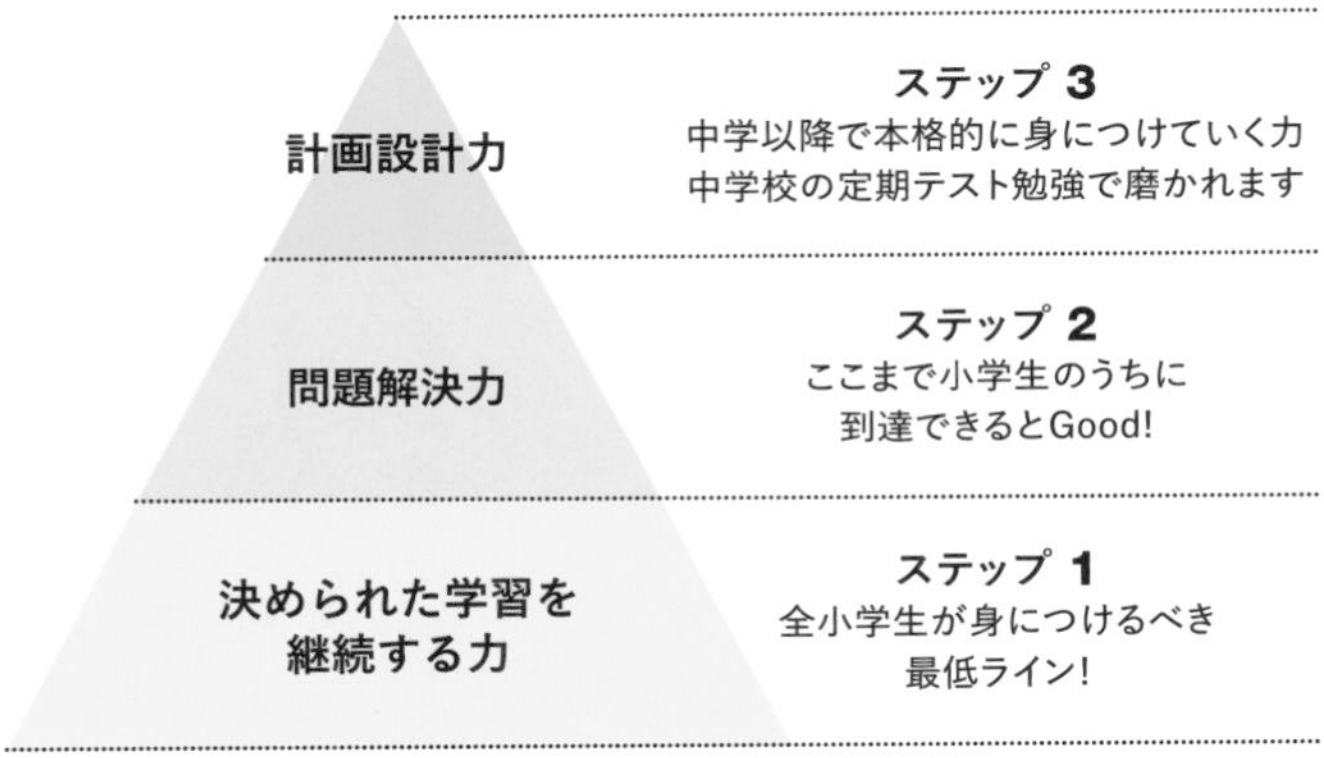
計画設計力
ステップ 3
中学以降で本格的に身につけていく力
中学校の定期テスト勉強で磨かれます
問題解決力
ステップ 2
ここまで小学生のうちに
到達できるとGood!
決められた学習を
継続する力
ステップ 1
全小学生が身につけるべき
最低ライン!

毎日、決められた分量のドリルを解いたり、単語や漢字を暗記したりする。これができるようになることが、自立学習への第一歩です。

「戦略的高校受験」では、小学生のうちにステップ2の「問題解決力」まで身につけることを目標とします。なぜなら、小学生でステップ2までを習得すると、高校受験では**早期からの塾通いが不要になる**からです。ここまでを身につければ、高校受験対策としては、通信講座などの補助教材との併用で中学2年生までは乗り切ることができるでしょう。

ステップ3の「計画設計力」は、中学校に入ってから、定期テスト勉強で本格的に磨かれていく力です。

しかし、小学生の段階でも、英検や漢検、算数検定などの検定試験に取り組むことで、具体的な目標に沿った学習計画の立案が可能です。

夏休みの宿題の時間などは、学習計画の設計に挑戦する絶好のチャンス。

早い段階でステップ3のスキルに取り組むことは、中学の学びにスムーズに移行するための良い練習になります。

「計画設計力」は、子どもに失敗の経験をさせることも大切です。親から見たら実現性に乏しい計画を立てたとしても、まずは見守ってあげましょう。破綻しかけたところで、軌道修正のアドバイスをしてあげればいいのです。

STRATEGICALLY PREP FOR HIGH SCHOOL

18歳を過ぎると「継続力」が価値を持つ

18歳を過ぎると、世の中のゲームのルールが変わります。どう変わるかというと、学ぶ速さや即時の成果よりも、継続力が価値を持つようになります。

たとえば検定の勉強では、取得に要した速さが18歳までは重視されますが、大人になればそんなものは誰も重視しません。学習速度が遅い人でも、コツコツと努力して、時間をかけて取得すればいいのです。

かつて指導した生徒の中に、学習速度が他の生徒たちよりも著しく遅い子がいました。英語のbe動詞と一般動詞の違いが定着するのに、他の生徒の4倍、5倍の時間を要しました。しかし、親御さんの信念で、彼は**小学生のころから毎日コツコツ継続する習慣だけはしっかりと身についていました**。彼の継続力は抜群で、他の生徒たちは定期テストが終わると勉強への意欲が消え失せるのに、同じペースで毎日、毎日勉強するのです。中学3年生になり、ついに彼の偏差値は50を超えました。

・継続力は大人になるほど価値を持つ

何年も経った後、彼の世代が大学4年生になったある日、久しぶりに彼が私を訪ねてきました。

そして、難関資格の取得と大手企業への就職内定の報告をしてきたときは跳び上がりました。中学時代の学力だけで彼を判断していた私は恥じ入りました。たしかに、彼の成長の速度は「牛歩」でした。しかし、彼の継続力は高校、大学時代にも変わることはありませんでした。**勉強が得意でない子こそ、ゆっくりで構わないから継続力を身につけることに価値があること**を学びました。

日本の学歴社会では、若いうちの相対的な成績が重視されがちですが、大人になると継続力がそれ以上に重要な役割を果たします。多くの人が大学受験後に勉強をやめてしまう中で、彼のように継続力を持つ人は珍しい存在です。

小学生の時期から自立した学習習慣を身につけ、辛抱強く継続する力を育むことが、将来にわたって大きな価値を持つのです。勉強が得意でない子にこそ、「牛歩の継続力」をプレゼントしましょう。

STRATEGIC
HIGH SCHOOL
ENTRANCE EXAM

小学生の「算数学習ロードマップ」

「戦略的高校受験」を前提とした、小学生時代の算数学習のロードマップの説明に移りましょう。

レベル１：公立中学への進学を果たした後、生徒の中で上位30％の成績を保持するための基盤作りです。算数を不得意にしている子も含めて、すべての小学生にこなしてほしい必須事項です。

レベル２：難関私立高校受験や、理系ルートを視野に入れる生徒のためのステージとなります。戦略的高校受験を念頭に置くならば、小学生の時点でこのレベル２の内容に取り組むことを強く推奨します。

小学生の算数学習のロードマップ

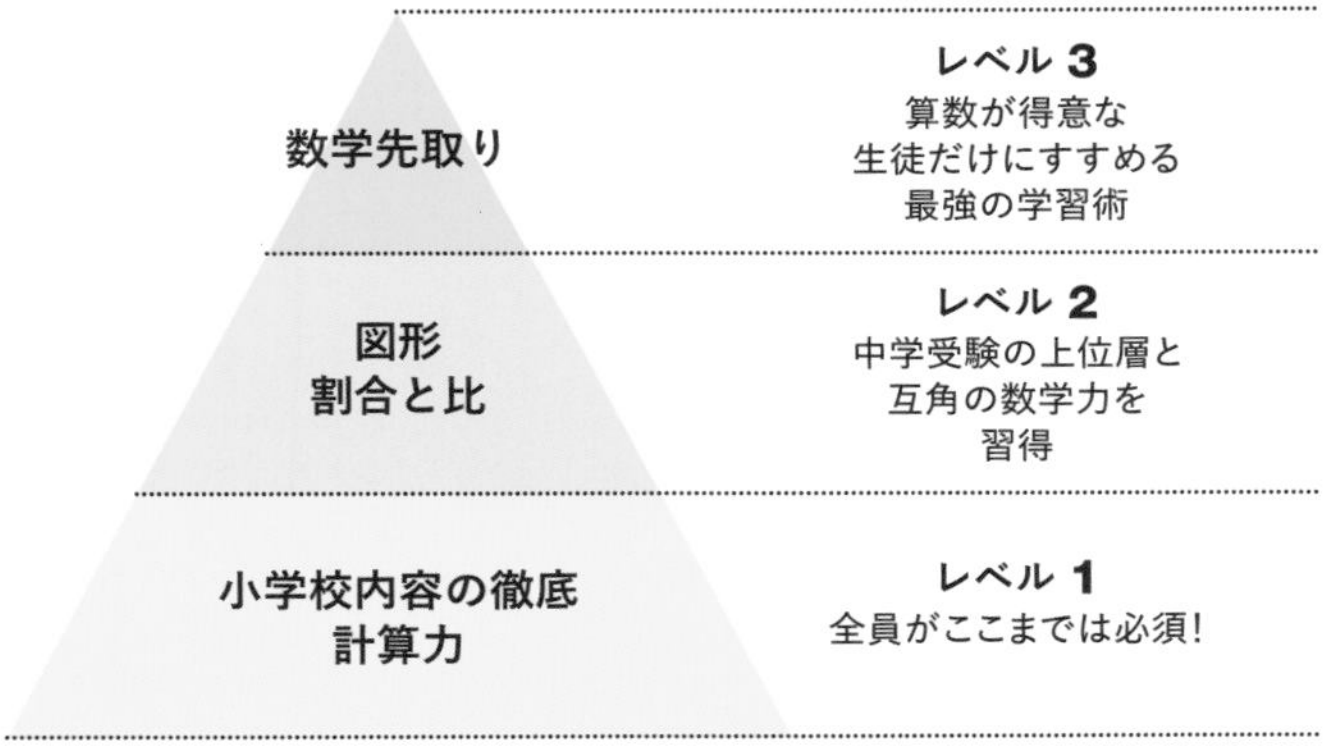
数学先取り
レベル 3
算数が得意な
生徒だけにすすめる
最強の学習術
図形
割合と比
レベル 2
中学受験の上位層と
互角の数学力を
習得
小学校内容の徹底
計算力
レベル 1
全員がここまでは必須!

レベル3：この段階は、算数が大得意な子が、得意を突き詰めた先に行きつく最終ステージです。理系科目に熱意が高い子や、もともと中学受験を考えていたが方針を変更した学力上位層が取り組むオプションです。

・スピードと正確さを兼ね備えた「計算力」は土台

レベル1の根底は「計算力」です。

計算力は算数・数学の基盤となるスキルであり、その重要性は計り知れません。

私が教えた中で、**難関高校に進学した生徒たちは、どの子もみんな計算力に優れていました**。この計算力とは、ただ計算のスピードが速いだけでなく、その正確さが極めて重要な要素となっています。

実際、計算力が低い子どもは、成績面で苦労します。中学に進むと、小学生時代の基本的な計算を再度学習する機会は乏しいため、小学生時代に確固とした計算の基礎を築くことが求められます。

中学入学の段階での計算力は、その後の学習に大きく影響します。計算力に不安のある小学生は、毎日の計算ドリルを積み重ねることを強くおすすめします。たとえ1日10分だけでも、1年間続けることで大きな成果を得ることができます。

始めは正確さを最優先し、徐々にタイマーを使ってスピードを向上させるといいでしょう。正確さを犠牲にしてスピードを追求するようなことは避けるべきです。

計算力の強化が必要な子にとって、**公文式算数やそろばんのような習い事は有益**です。計算のスキルに課題のある子は、これらの習い事を始めるのも良いでしょう。

「計算力」を高めると情報処理能力がアップ

中学3年生のある授業でのこと。小テストで2人の生徒が満点を獲得しましたが、1人は5分で、もう1人は10分と、解答時間に大きな違いがありました。

後者の生徒は全教科において解答速度が遅く、結果として定期テストや模試での失点が増えていました。このように、情報処理の速度は受験の結果に大きく影響します。

受験では、情報を迅速に処理する能力が不可欠です。マイペースでの学習は、この状況では不利になります。しかし、計算力を高めることで、情報処理能力も同時に向上するのです。

この情報処理能力は、コンピュータのCPUにたとえられます。CPUの処理速度が遅ければ、全体の動作も遅くなるように、計算力が不足している生徒は、英文読解や国語の読解も遅いことが多く、テストの点数も伸び悩みます。

近年の受験問題は、情報処理能力の要求が増しています。

たとえば、都立高校の英語入試問題では、過去20年で語数が約30％増加しています。大学入試の共通テストでも、20年で語数が約３０００語から約６０００語に倍増。他の教科も同様に、問題文の量が増え、情報処理能力の重要性が増しています。

計算力を強化することは、算数・数学の基礎を築くだけでなく、全教科の情報処理能力を高める手助けとなります。そして、これは受験の場面だけでなく、将来の仕事場でのマルチタスク能力を養うための基盤にもなります。

小学生の時期は、この情報処理能力を高め、学びのエンジンの性能を最大限にアップさせましょう。

STRATEGICALLY PREP FOR HIGH SCHOOL

小学校の教科書内容は中学数学につながる

79ページで紹介した算数学習ロードマップのレベル1には、「小学校内容の徹底」も含まれます。小学校で実施されたテストで100点を取れていますか？　教科書の各章の総まとめや問題は、滞りなく解けるでしょうか？　そうでない場合、小学校における基礎学習の修了にはまだ努力が必要です。

小学校の教材は、実は中学校の内容と深く関連しています。たとえば、小学校で学ぶ「比例・反比例」は、中学での「関数」の入り口として機能します。「□や△を用いた式」も、中学で学ぶ「文字式」へのステップとなります。また、「縮図・拡大図」の理解は、「相似」の概念につながります。

中学の数学内容を先に学習するよりも、教科書レベルの小学校の基礎を確実に習得することが何よりも重要です。小学校の算数が、実は中学の数学への土台となる部分を多く取り扱っているからです。

中学の数学を先取りするよりも、小学校の範囲での基礎をしっかりと身につけることが重要です。なぜなら、小学校の算数の内容は、中学の数学の基盤となる要素を多く含んでいるからです。

小学6年生の冬ごろから多くの進学塾が「中学入学準備講座」や「先取り講座」を提供しますが、小学校のテストで満点を達成できていない子どもたちは、新たな内容を先取りするより、まずは小学校の内容の復習に力を注いだ方が、より大きな成果を得られるでしょう。

・中学受験算数「いいとこどり」のすすめ

レベル2は「戦略的高校受験」の肝になります。「割合・比」と「図形」の二つの単元に焦点を当て、中学受験をしない子も、私立中学受験の中堅校レベルの学習をおすすめします。中学受験の上位ランナーが数学に強い要因が、この2単元に詰まっているからです。

私立中高一貫校に、医学部などの理系進学に強いイメージを持っている親御さんは多いと思います。この理系進学力は、中・高のカリキュラム以上に、小学生時代に磨かれた中学受験算数が役立っています。

中学受験の経験を持つ高校受験生の高い数学力がその裏づけです。そこで、**高校受験ルートの小学生も、中学受験算数を学ぶことで、中高一貫校の上位ランナーに負けない数学力を獲得できます**。

ただ現実的には、中学受験算数のすべての内容に挑むことは、小学校生活の多くを犠牲にすることになります。有名中学受験教材の「予習シリーズ」は版を重ねるごとにレベルアップしています。結果、多くの小学生のキャパシティを大幅に超え、ついていけないという報告が多々あります。現在の中学受験算数は暴走状態です。まともに付き合ってはいけません。

高校受験ルートを歩む小学生は、中学受験算数の中から「割合・比」と「図形」の2単元を、少し深いレベルまで掘り下げて学ぶことが最良の戦術です。なぜなら、この2単元は、直接的な数学力をつけるのに大いに役立つからです。

高校受験家庭の中学受験算数への向き合い方は、まさに「いいとこどり」。

私は中学受験算数に否定的な立場ではありません。中学や高校以降の高度な学びに耐えられる礎《いしずえ》になるのは事実です。だからこそ「いいとこどり」の戦術で、最も実践的で効果的な部分だけを深く学ぶのです。

STRATEGIC HIGH SCHOOL ENTRANCE EXAM

「割合・比」は時間をかけて本質的な理解を目指す

割合の概念は、小学校算数の中でも特に重要なポイントです。その概念の抽象性から、多くの小学生が最も苦手とする単元です。

そのため、小学生や一部の指導者は解法の暗記に走りがちです。88ページの図のような「くもわ」と呼ばれる公式を丸暗記して、数字を代入することで乗り切る子が多いようです。この手法は、一見すると問題解決の近道のように思えますが、背後には「知っているようで、本質的な理解を欠く」というリスクが潜んでいます。

・丸暗記が起こす「くもわの悲劇」

実は中学数学や、高校の「化学」や「物理」では、「割合・比」の本質的な理解が不可欠となってきます。

「くもわ」の公式図と実際の問題例

割合の問題例

花子さんは、友だちの誕生日プレゼントを買いに3800円持ってショッピングモールに行きました。まず、持っていたお金の4割をアクセサリーに使いました。次に、残ったお金の1/4をキャンドルセットに使い、その後、残金の10%でラッピングを頼みました。
太郎君は、5000円持っておもちゃ屋に向かいました。彼は最初に所持金の3割でRCカーを選びました。そして、残ったお金の5%でバッテリーを追加購入しようとしたところ、20%割引きされていました。その後、残金の半分でキャラクターグッズを手に入れ、150円のボールを3つ買いました。最後に、花子さんと太郎君、どちらが多くのお金を残しているでしょうか。

（答え）花子1539、太郎1230。花子さんのほうが多く残る。

「くもわ」の公式に頼り切った生徒たちはこのフェーズで苦戦を強いられ、理系コースから続々と脱落していきます。解法の丸暗記を後悔したところで時すでに遅し。これを「くもわの悲劇」と名づけたいと思います。

理系進学に備えた力をつけたいなら、「くもわ」の公式に頼らずに、本質的な理解を目指しましょう。じっくりと「割合・比」の奥深さに触れられる余裕があるのは高校受験ルートのメリットです。

この分野を軽視しないでください。理解するまでに時間のかかる子は、割合・比の概念を1年間かけてじっくり学んでみてください。

STRATEGICALLY PREP FOR HIGH SCHOOL

難関高校受験の数学は「図形」で決まる

難関高校受験において、図形は受験生の運命を左右するものと言っても過言ではありません。たとえば、都立日比谷高校の数学の問題は、大問3に平面図形、大問4に立体図形が登場し、正答率が5割を切る問題が並びます。同様の傾向は、京都大学の合格者数トップの大阪府立北野高校が採用するC問題でも確認できます。図形に長けている受験生が、高校受験では有利に戦えることは明白です。まさに「図形を制する者は、難関高校受験を制す」です。

図形問題、特に立体図形は空間認識能力が求められます。この能力の大部分は生まれつきのものだという研究もあり、「図形はセンス」という言葉もあります。果たして、図形は生まれながらの才能なのでしょうか。私の考え方はこうです。

「センス」とは先天的な要素と経験から培われる要素が合わさったもの。図形に触れる機会を増やし、経験値を増やすことで、才能の差は縮められると確信しています。図形のセンスを持っていない子こそ、積極的に図形の経験値を積み上げていきましょう。**図形については、学ぶ時期が早ければ早いほど得意になります**。「鉄と図形は熱いうちに打て」とでも言っておきましょう。

問題は、そのタイミングです。中学数学は「三平方の定理」が図形の花形です。三平方の定理を学ぶのは、中学校のカリキュラムだと中学3年生の12月。標準的な進度の進学塾でも中学3年生の夏ごろです。この進度だと、図形の経験値を積む時間が限られてしまい、もともと図形センスを持つ生徒が有利になってしまいます。

・"図形のセンスがない"子の対策

対策として、二つの方法が考えられます。

1. 数学の学習を前倒しして進める。
2. 小学生の段階から図形の学習を深める。

小学生の算数学習ロードマップのレベル3の「数学先取り」まで到達しているケースでは、中学数学の図形単元を終えた段階で、中学数学の範囲で図形の習練を積むと良いでしょう。その他大多数の子にとっては、私立中学受験の中堅校レベルの図形問題に取り組

日比谷高校の数学の正答率　（令和4年度）

大問	小問1	配点	正答率
1 小問集合	問1	5	92.7%
	問2	5	86.2%
	問3	5	86.3%
	問4	5	92.5%
	問5	5	54.7%
2 関数	問1	7	57.3%
	問2	10	89.4%
	問3	8	74.7%
3 平面図形	問1	7	95.7%
	問2（1）	10	**37.4%**
	問2（2）	8	**40.9%**
4 立体図形	問1	7	50.5%
	問2	10	61.6%
	問3	8	**13.7%**

正答率50%未満！

（令和4年度東京都立日比谷高等学校の説明会配布資料から作成）

むことをおすすめします。

実際、都内のある塾の高校受験コースでは、小学生は算数の図形に特化して中学受験と同等の教材で鍛えることで、在籍者の半数が都立トップ校へ進学という華々しい成果を挙げています。

以上のように、**「割合・比」と「図形」の二つの単元のみ、中学受験算数の中堅校レベルの学習を、カリキュラムにとらわれることなく、じっくり仕上げることで、中学受験経験者が獲得する算数力を、最短距離で得ることが可能**です。

小学生のうちにこの2単元だけでも意識して学習しておくと、「高校受験組の弱点」を回避できるはずです。

STRATEGIC HIGH SCHOOL ENTRANCE EXAM

最強の小学生「数学先取り」戦術

小学生の算数学習ロードマップの頂点、レベル３は中学・高校の数学学習です。ここまで到達するのは、学習意欲が旺盛で、算数・数学が得意な子や、中学受験から高校受験に方針を変更した上位層です。

「実際に、小学生が数学を学ぶことは可能なのか？」と疑問に思う親御さんも少なくないでしょう。実は、**中学受験算数よりも中学数学のほうが簡単**です。

実際、中学受験の独特の解法に苦戦していた小学生が、方程式を学び、未知数を文字に置き換える手段を得ることで、息を吹き返したという話をよく聞きます。

・小学校卒業までに中学数学を終わらせる

難関中学の一つの指標になっているＳＡＰＩＸ偏差値60を取るよりも、小学生のうち

小学生の「数学先取り」戦術

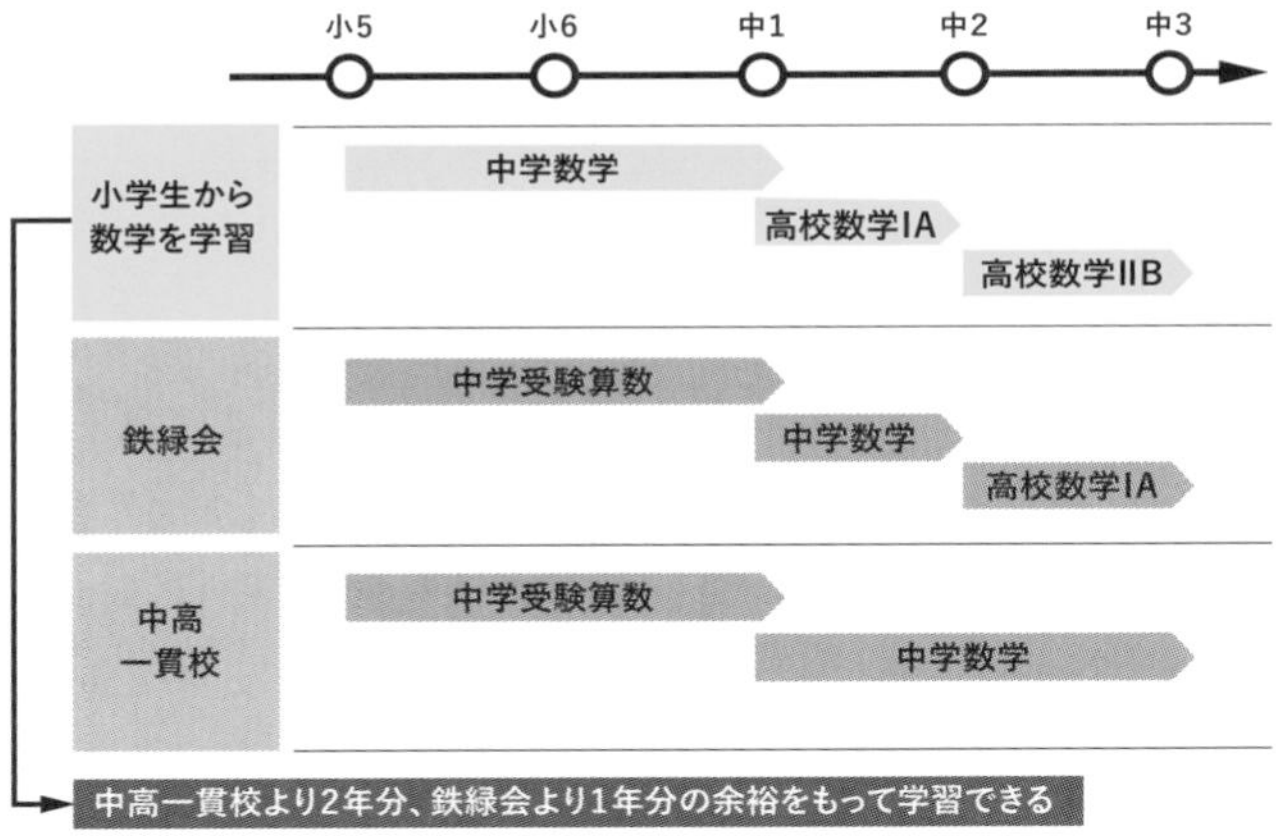

に中学数学を学び終えるほうが簡単で実現性があります。それだけ、中学受験算数は独自の進化を遂げており、対処が難しいのです。

素養のある子であれば、**小学校を卒業するまでに中学数学を完了させ、中学入学と同時に高校数学に進むことも夢ではありません。**

上の図はその学習のモデルケースです。中高一貫教育の学校のカリキュラムよりも2年、そしてそのトップクラスのグループである鉄緑会組と比べても1年分の余裕を持った学習進度で、数学学習が可能です。

STRATEGICALLY PREP FOR HIGH SCHOOL

小学生の数学学習は最後のブルーオーシャン

小学生の数学学習は、教育熱の高い都市部に残された最後のブルーオーシャン（競争相手のいない未開拓市場）だと思っています。

世界の優秀な子は、小学生のころから数学を学習します。これがグローバルスタンダードです。「日本の優秀な子どもたちが数学を学ばず、いつまでも算数を学び続けるのはクレイジーだ」と外国人講師に疑問を投げかけられたことがありますが、その通りだと思います。実際、この優位性に気づいていた一部の指導者は、素養のある小学生に中学受験をすっ飛ばして数学を教えています。

都内の某個別指導塾は、小学5年生から数学の学習を開始する学習計画を立て、慶應義塾高校に高い合格率を残しています。都立トップ校や早慶附属に強い都内某個人塾は、「飛び級」のシステムがあり、小学6年生から前倒しで数学を学習し、合格実績を出しています。都内のある数学塾は、「中学受験するよりも、高校受験ルートで数学を学んだほうが良い」という考えで、小学校5年生から数学を教えています。

いずれも、日本の優秀な子が中学受験に参戦して足止めを余儀なくされるからこそ有効な戦術です。英語教育や受験算数は競争相手も多く飽和状態です。ＳＴＥＡＭ教育、プログラミング、ＩＣＴがグローバル人材に必須とされる中で、小学生の数学教育はもっと注目されていいはずです。

・小学生の数学学習の基本サイクル

具体的な進め方の話に移りましょう。大前提として、子どもの自立学習が身についていなければなりません。数学を先取りする塾は限られています（１０２ページ参照）。映像授業教材や無学年制の通信講座を利用した単元導入が現実的です。

次に問題演習です。

導入教材準拠の問題集があるなら、それを使用しましょう。もっとレベルの高い問題に触れたい場合や、演習量を増やしたいなら、大手進学塾で使用される「シリウス21（育伸社）」や「新中学問題集（教育開発出版）」などの教材を活用しても良いでしょう。

この二つのサイクルでも十分に回りますが、余裕があれば週1日でも家庭教師を挟み、

数学検定（1～5級）の概要

<table>
<tr><th colspan="2">階級</th><th>1級</th><th>準1級</th><th>2級</th><th>準2級</th><th>3級</th><th>4級</th><th>5級</th></tr>
<tr><td colspan="2">目安となる学年</td><td>大学程度
・
一般</td><td>高校3年
程度
（数学III程度）</td><td>高校2年
程度
（数学IIB程度）</td><td>高校1年
程度
（数学IA程度）</td><td>中学3年
程度</td><td>中学2年
程度</td><td>中学1年
程度</td></tr>
<tr><td rowspan="2">出題数</td><td>1次</td><td colspan="2">7問</td><td colspan="2">15問</td><td colspan="3">30問</td></tr>
<tr><td>2次</td><td colspan="2">2題必須
5題より2題選択</td><td>2題必須
5題より
3題選択</td><td>10問</td><td colspan="3">20問</td></tr>
<tr><td rowspan="2">合格基準</td><td>1次</td><td colspan="7">全問題の70%程度</td></tr>
<tr><td>2次</td><td colspan="7">全問題の60%程度</td></tr>
</table>

※出典：実用数学技能検定（数学検定・算数検定）の公式サイト

問題集の進捗の確認、わからなかった問題の解説、思考力を高めるチャレンジ問題の出題などをしてもらうと、このサイクルがより一層うまくいきます。家庭教師はオンラインでも構いません。

学習モチベーションを保つツールとしては、数学検定（数検）が有効です。ただし、数検を取得したからといって、高校入試への対応力が養われている証明にはなりません。数学の学習では「進度を取ること」と「思考力を養うこと」のバランスを適切に保つことが必須です。特に小学生の段階での学習は、想像以上に進度が速いかもしれません。並行して思考力の鍛錬も怠らないようにしましょう。

公文式による「数学先取り」の注意点

数学先取りで最もメジャーな手段は公文式の利用です。全国どこでも見かける教室、統一された教材によって、誰もが質の高いプリント学習にアクセスできます。

公文式の強みは、計算力の飛躍的な向上です。情報処理能力全般がブラッシュアップされ、この過程で得られる集中力や持続性は、将来の社会生活においても大きな武器となり得ます。計算の正確さや速さに難しさを感じる子どもたちには、公文式やそろばんの練習は特に効果的です。

しかし、「数学先取り」という観点で公文式を評価すると、異なる印象があります。「公文式で中学数学をマスターしました」と入塾してきた生徒が、実力テストや模試で苦戦する様子を毎年のように見ているからです。何がこのギャップを生むのでしょうか。

数学の力を単純化するならば、処理能力×思考力です。公文式は前者、すなわち「処理能力」をしっかりと磨いてくれます。ですが、難関高校入試は、後者の「思考力」で勝敗が分かれます。

難関高校入試の数学は、パターン暗記では対応しきれない問題が出題されます。そのときに生かされるのは、「ああでもない、こうでもない」と数学的な思考力をフル回転させて頭を動かした経験値です。計算の瞬発力だけを鍛えても、数学の偏差値は決して上がりません。中学1年の最初の定期テストぐらいは好スタートを切れるかもしれませんが、中学3年になるころには太刀打ちできなくなってくるでしょう。

公文式はたしかに「処理能力」を飛躍的に伸ばしてくれる素晴らしいツールですが、図形や文章題のような思考力を鍛える問題は扱っていないのも事実です。公文式を取り入れる際には、この学習法が何を伸ばしてくれるのか、また何を伸ばしてくれないのかを理解し、学びのバランスを適切に保つことが必要です。

STRATEGIC
HIGH SCHOOL
ENTRANCE EXAM

小学校高学年は「体験活動の黄金期」

文部科学省が２０２３年３月に公表した「21世紀出生児縦断調査特別報告」という興味深い報告書があります。２００１年生まれの子どもを20年間にわたり追跡調査した結果、小学校高学年ごろの自然体験や文化的体験が、「生きるための偏差値」――自尊感情、精神的回復力、がまん強さといった非認知能力を劇的に向上させることが判明したのです。**12歳ごろという年齢が特別で、この時期に自然体験（例：登山、キャンプ、スキー）や文化的体験（例：動物園見学、美術館見学、演劇鑑賞）に積極的に参加することに何か特別な意味がある**ようです。

高校受験ルートの小学生は、この贅沢な「余白の時間」を、机上の受験勉強では得られない習い事や体験活動にたっぷり使ってほしいと考えています。

中学受験を目指す子どもたちが、小学5年生で趣味や習い事を断念するケースが多いことに懸念を示したスポーツ指導者によれば、「小学6年生まで続けることで、その活動が真に価値のある体験となる。最高学年の1年間で得られる経験は数年分に匹敵する」とのことです。

たとえば、ロボット工作に情熱を注いでいたある教え子は、小学生のときにロボット教室に通い、その経験が後に工学への道を開きました。彼は科学技術に特化した高校に進学し、その後、工学部にも進学を果たしています。

・高校受験ルートなら習い事を最後まで続けられる

小学校高学年での体験活動は、将来の専門性に直接つながる可能性があります。さらに、これらの活動を通じて培われる粘り強さや忍耐力、コミュニケーションスキル、体力は、学業においても非常に有用な資質となります。

ですから、子どもが何かに熱中している場合は、親御さんはその活動を最後までサポートし、最大限の成果を引き出す環境をぜひ用意してあげてください。

高校受験ルートにおいて習い事を最後までやり切る余裕があることは強みです。この貴重な時間を使って自分だけの専門分野を深めることで、将来にわたって心から「やり遂げた」と自負できる経験とスキルを積み上げられるでしょう。

［戦略的高校受験の小学生におすすめの習い事・活動］

・ジュニアドクター育成塾

日本の文部科学省所管の科学技術振興機構（ＪＳＴ）が大学などと共同で展開しています。科学技術に強い興味のある小学5年生以上を対象に個人の研究を支援し、未来の科学者を育成します。

・海外サマースクール

夏休みを利用したジュニア向けのさまざまな短期海外留学プログラムがあります。小学生が１人で参加可能なものから、親子留学の形態をとるプログラムもあります。中学生になると、特に男子は参加をためらうケースが増えます。小学生のうちに海外経験を積むことで、海外への抵抗感が軽減されます。

・サマーキャンプ

短期の１〜２泊から、離島での10泊以上に及ぶ長期キャンプまで、多種多様なプログラムがあります。自然環境の中でのアウトドア活動やグループワークは、他者とのコミュニケーションスキルや自己肯定感を高める効果があります。社交性や協調性に課題のある子におすすめです。

・**探究系の学習塾**

三鷹市の探究学舎は、「宇宙」や「深海」「経済」などをテーマに「もっと知りたい！」「やってみたい！」という好奇心を刺激する参加型の探究授業を提供しています。成績向上や受験合格を目的としないこの教育方針は、中学受験を考えていない家庭に適しています。オンライン講座もあり、全国どこからでも参加可能です。

・**数学塾**

理数が得意な小学生が、本格的な数学を学習できる塾があります。都内では高木塾（渋谷区）やK会（文京区）、ＪＰＲＥＰといった選択肢があります。

学び・習い事・休みを充実させる「戦略的高校受験」の実例

ここまで読まれて、「戦略的高校受験も、意外と勉強漬けでは？」と思われた方もいるかもしれませんが、ご安心ください。本章の最後として、「戦略的高校受験」をした子どもの具体例をいくつか挙げておきました。実際にどんなスケジュールで、どんなことをしているのか、１週間の過ごし方などを参考にしてみてください。

【プログラミングが好きで数学を先取りしたAさん】

Aさんは、小学2年生からロボット・プログラミング教室に通い熱中。勉強は小学5年生でタブレット教材を用いて小学校内容の算数を終え、スタディサプリの映像授業を使って数学と英語を学習中。週に一度、家庭教師で工学部の大学生の先生に来てもらい、英語と数学をチェック。地元のクラブでテニスをして体を動かし、気分転換も。

【サッカーが大好きで学習習慣を身につけたBさん】

週3日はサッカーで埋まる。中学校でもジュニアユースで続ける予定。学習塾には週1日通塾。中学校以降を見据えた無理のない内容なので、最近はリビングで宿題をしっかりやる学習習慣が身についた。英会話スクールは継続するのが約束で、塾で英文法を学びながらバランスの良い英語力を意識している。

【英語力を生かして高校受験にシフトしたCさん】

4技能型英語の専門塾に通い、英検2級を取得。中学受験も検討したものの、習い事との両立は難しく、英語力をそのまま生かせる高校受験にシフト。算数や国語、英文法は通信講座を利用。小学6年生の夏は、海外サマースクールに参加予定。

【バレエをやめずに算数の基礎固めをしたDさん】

バレエを最後まで続ける予定。算数に不安があるため、数学の先取りはせずに公文式で計算力を鍛えつつ、家庭教師の先生に「割合・比」と「図形」をゆっくり中堅校レベルまで進めてもらっている。英語は公文式以外にベーシックな文法の問題集を並行して進めていく方針。

「戦略的高校受験」の例

「勉強」も「習い事」も「休み」も充実させるスケジュールになっている。

Aさん　ロボット×数学先取り	
月	テニス
火	OFF
水	ロボット教室
木	家庭教師（英語・数学）
金	OFF
土	ロボット教室
日	OFF

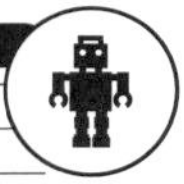

Bさん　サッカー×学習塾	
月	サッカー
火	OFF
水	学習塾（英語・算数・国語）
木	サッカー
金	英会話スクール
土	サッカー
日	OFF or 試合

Cさん　ピアノ・体操×4技能英語	
月	OFF
火	ピアノ
水	4技能型英語塾
木	OFF
金	体操
土	オンライン英会話
日	OFF

Dさん　バレエ×算数基礎固め	
月	バレエ
火	公文（算数・英語）
水	OFF
木	家庭教師（算数）
金	公文（算数・英語）
土	バレエ
日	OFF

Question：教えて！ 先生

私立中学の受験はせず、公立中高校一貫校だけを受検させてみたいです。

早くから対策する必要はありません。

公立中高一貫校の受検を「目的」や「ゴール」にせず、「中継スポット」として捉えられるのであれば、アリだと思います。中学受験率の高い地域だと、子どもが中学受験をしたいと言い出すこともあります。そういう場合にも公立中高一貫校受検はいいでしょう。ただし、デメリットは倍率が高いこと。何年もかけて塾に行き、習い事をやめて挑戦しても、不合格になることも多いのが現実です。公立中高一貫校受検のためだけに、2年も3年も時間とお金を費やすのは本末転倒。受検するなら、5年生まではベーシックな勉強をしっかり続け、習い事ややりたいこともやり、小学校生活を楽しみましょう。専門的な対策は6年生の2学期以降で十分です。次章に詳しく説明していくので、よく読んで方針を決めてみてはいかがでしょうか。

第 2 章

「公立中高一貫校」の受検はあり? なし?

高校受験を予定している家庭にも
注目されている中学受験があります。
それが、「公立中高一貫校」の受検。
私立の中学とはどのように違うのか?
公立中高一貫校受検の
メリット・デメリットを紹介していきます。

STRATEGICALLY PREP FOR HIGH SCHOOL

公立中高一貫校のメリット

ところで、中学受験の話題で欠かせないのが公立の中高一貫校です。

高校受験の一本道だった公立ルートに、公立中高一貫校というオプションが生まれました。私のもとにも、「高校受験ルートを考えているが、公立中高一貫校を受けてみるのはどうか」という質問がよく寄せられます。

東京都で最初の公立中高一貫校が誕生したのは2005年のことでした。それ以降、千代田区立九段中等教育学校を含む11校が設立されました。開校当初は「未知数」とされていた公立中高一貫校も、今ではすっかり進学校としての地位が定着したようです。

公立中高一貫校のメリットを整理しておきましょう。

誰もが指摘するメリットは、費用の安さです。入学金や授業料を安く抑えることができるため、私立中高一貫校と比べて3分の1程度まで総額費用を抑えることができるといわれています。東京都の場合、都立生向け長期留学制度の「次世代リーダー育成道場」に中学3年から参加できることも見逃せません（第5章を参照）。

また、私立中学受験と比べて、**受験準備が短くても合格できる可能性があります**。私立中学受験は、小学校3年生の2月スタートの「3カ年計画」です。それに対して、公立中高一貫校は小学5、6年生から本格的な勉強を開始するのが普通で、私立中学受験では間に合わないとされる時期からの勉強でも、出遅れ感がありません。

・習い事と両立している合格者が多い

ある都立中高一貫校の入学者アンケートによると、多くの入学者が英語、プログラミング、スポーツ、ピアノといった塾以外の習い事と両立していたそうです。自由な時間が制限されがちな現代の私立中学受験と比べると、「牧歌的」な受験スタイルが残っています。

都立小石川中等教育学校に進学したある生徒は、小学校時代に変形菌の研究に没頭し、自宅で100種類以上の変形菌を育てる「子ども博士」として注目されました。この生徒に象徴されるように、学習意欲は旺盛であるものの、受験勉強以外の興味や才能の開拓に時間を取りたいと考える家庭が、公立中高一貫校を選択する傾向にあります。それを示す二つの証拠があります。

一つ目は、学問コンテストでの入賞者の多さです。

都立小石川を始めとする公立中高一貫校は、数年にわたって国際物理オリンピック、情報オリンピック、地学オリンピック、化学オリンピックなどの学問コンテストで多くの入賞者を輩出しています。都立武蔵高等学校・附属中学校は数学オリンピックで、都立桜修館中等教育学校は地理オリンピックで入賞者を出しました。

他県でも、府立洛北高等学校・附属中学校（京都府）、宮城県仙台二華中学校・高等学校（宮城県）、県立岡山大安寺中等教育学校（岡山県）といった都市部の進学校化した公立中高一貫校が顕著な実績を挙げています。

もう一つの証拠は、**東京大学の推薦合格者の増加**です。

２０２４年度の速報値では、都立中高一貫校10校から６人の合格が出ています。東京の私立中高一貫校ですら１８１校から16人の合格にすぎません。

２０１６年に始まった東京大学の推薦入試では、高い学力だけでは合格に至りません。学問への熱意を示す実績が必要とされます。合格者の体験記を読むと、小学校時代の「余白の時間」を、専門性を深める学びに費やしていた人が多いのです。

〝小学生の頃から鳥類の研究に打ち込んでいた〟〝自宅でビオトープを作り研究に没頭した〟〝素数の研究に挑戦した〟〝Ｗｅｂレッスンや洋書で語学力を養った〟など、公立中高一貫校は、早熟で学習意欲旺盛な子どもが、長期間受験勉強で日常生活を縛られることなく進学校に入学できる可能性があります。私が認める公立中高一貫校の最大の利点は、この点にあります。偏差値や大学合格実績という、上辺だけの評価では見落とされがちな視点でしょう。

STRATEGIC
HIGH SCHOOL
ENTRANCE EXAM

公立中高一貫校を目指した家庭の「悲劇」

公立中高一貫校は、入学者選抜に際して、受験競争の低年齢化を招く学力検査を課さないというルールがあります。

それに代わるものとして実施されているのが「適性検査《てきせいけんさ》」です。

この適性検査が「魔物」なのです。適性検査では理科と算数を組み合わせたりする科目横断型の問題が出題されます。一問一答形式の知識を問うものではなく、知識の運用力、思考力、正確な読解力、表現力を評価します。暗記やパターン問題演習ではとても対処できません。

都立中高一貫校の合格に必要な要素を、簡略化した図で表してみました（次ページ）。各都道府県の適性検査の出題傾向や要求学力水準に違いはありますが、都市部の進学校化した公立中高一貫校は、おおむね共通しているでしょう。

都立中高一貫校の合格のために必要な要素

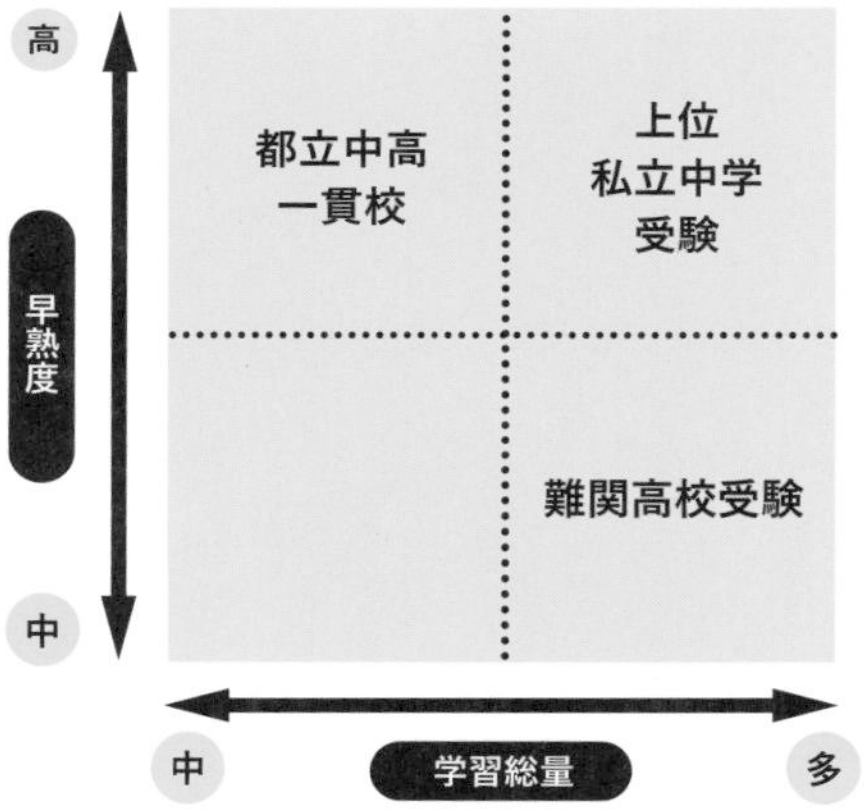

横軸は、合格に至るまでに必要な「学習総量」です。縦軸は、生まれ持って定められた成長曲線である「早熟度」です。自然な成長の速さを示すため、努力だけで変えられません。

私立中学受験では、「学習総量」の負荷が極端に大きく、なおかつ、高い「早熟度」が求められます。

高校受験は、15歳まで待てば、晩熟タイプの子どもも成長が追いつくため、「早熟度」が受験に与える影響は小さくなります。難関高校を目指すと「学習総量」は多くなりますが、中学校の授業がベースなので、学習負担感は中学受験ほど大きくありません。小学校から学習をコツコツ積み重ねることによって、受験の負担感を減らすことが可能です。そういう意味で、高校受験は「努力の受験」です。

都立中高一貫校は、どちらのタイプにも当てはまりません。合格までに必要な「学習総量」は、難関高校受験や私立中学受験よりも少なくて済みます。

一方で、高度な知識の運用力、思考力、記述力が試されるという点で、「早熟度」は上位私立中学受験と同等の水準が要求されます。

・「3年間塾漬け」でも、受からない子は受からない

高倍率の都市部の公立中高一貫校を、高校受験と同じように「努力が報われる受験」のイメージで捉えていらっしゃる保護者は、この辛い事実を理解しなければなりません。**高校受験のように、積み重ねた努力が点数に直接反映される試験ではない**ということです。

進学塾は通塾の長期化を推奨し、高額なオプション講座を提供して、たくさんの対策授業を受講することで合格の可能性が高まるように錯覚させます。

しかし、公立中高一貫校の適性検査は、長期間「適性検査対策講座」を受ければ合格の可能性が高まる類いの試験ではありません。

残念なことですが、**適性検査対策に2年も3年も費やした子が大量に不合格になります。**

その一方、公立中高一貫校の合格要素を満たす子は、短期間の対策で合格しています。

公立中高一貫校の対策のためだけに長期間通塾し、多額の対策費用をかけるのは得策ではありません。ところが、**公立中高一貫校の登場で、以前にも増して中学受験に不向きな子が早期から対策塾に通う事例が増えている**のです。


「不合格になっても、その経験は役に立つ」

この塾の言葉は本当でしょうか。

高校受験の現場には、小学校高学年の学習が適性検査対策に偏り過ぎていたせいで、基礎学力がおろそかになっていると思われる学力中堅層がいます。

こういう子どもは本来、高校受験ルートに専念したほうが、基礎学力の充実に努められたはずです。

受検準備に時間をかければかけるほど、「不合格」という結果が幼い体に「努力が報われない体験」として強烈に刻み込まれ、自己肯定感が下がってしまいます。

公立中高一貫校の受検が、全員にとって最良の学習ルートではないということをぜひ知っておいていただきたいと思います。

公立中高一貫校を受検するなら、

「試験対策に時間と費用をかけ過ぎないこと」
「前向きな撤退選択を常に持っておくこと」

この二つが絶対条件です。

・適性検査型の私立中学を受けることの是非

適性検査対策に多大な時間と費用をかけ、公立中高一貫校に不合格だった場合の最終進学先として「適性検査型入試を実施する私立中学」という選択があります。

公立中高一貫校が増えるにつれ、不合格だった子どもに入学してもらおうと、適性検査型入試を導入する私立中学が登場しました。

なかには、「都立○○中そっくり適性検査」と、特定の公立中高一貫校の受検生をピンポイントで狙った入試も見られます。

私は、**適性検査型の私立中学は検討をしなくてもよい**というスタンスです。

その理由は、選択肢が非常に限られてしまうからです。2024年時点で、東京で適性検査型入試を実施している私立中学のほぼ全校が、日能研偏差値30〜40台です。

偏差値で学校の価値が決まるとは決して思いませんが、自由競争下の中学受験市場で、偏差値50以上の私立中学が適性検査型の入試を実施しない理由はよく考えておく必要があります。

適性検査型入試は現状、生徒募集で苦戦している私立中学の頼みの綱になっています。２０２４年度、生徒募集が安定し始めた開智日本橋学園中学・高等学校が適性検査型入試を廃止したことは、それを象徴しています。

都市部に住む最大のメリットは、学校の選択肢の豊富さです。

適性検査型の私立中学は選択肢の幅が狭く、その恩恵を十分に享受できません。偏差値50以上の私立中学が取り除かれた状態で適性検査型の私立中学を検討するなら、高校受験ルートにするか、負担覚悟で私立中学受験ルートに邁進したほうが、子どもに合った学校に出会える可能性が増えるでしょう。

ただし、**地元の公立中学校をどうしても避けたいケース、初めからその私立中学を熱望しているケースはその限りではありません**。

適性検査型の私立中学は倍率が非常に低く出ている学校が多くあります。勉強が得意でない子向けの学校もあります。こうした学校を積極的に狙うのもまた、多様な受験形態の一つなのです。

STRATEGICALLY
PREP FOR
HIGH SCHOOL

入試に向けた「正しい学習」とは

公立中高一貫校の入試で求められる適性検査への対策について、多くの保護者は早い時期から適性検査にフィットした学習を行うことが有利だと考えがちです。しかし、このアプローチは逆効果になるリスクがあります。

適性検査の出題範囲はズバリ、「日常」です。

出題範囲が広域に及ぶため、問題のパターンは無限に生成されます。私立中学受験や高校受験のような体系的なカリキュラムは存在しません。

多くの適性検査対策塾は苦肉の策として、過去問の出題傾向を分析し、カテゴリ別に分類されたテキストを用いた演習と解説に莫大な時間を費やします。

指導者目線から言わせてもらうと、歴史の浅い適性検査型のテキストは、カリキュラムに体系や思想が乏しく、場当たり的な印象を持ちます。私立中学受験や高校受験のカリキュラムと比べて貧弱なのです。

過去問演習では学力は積み上がらない

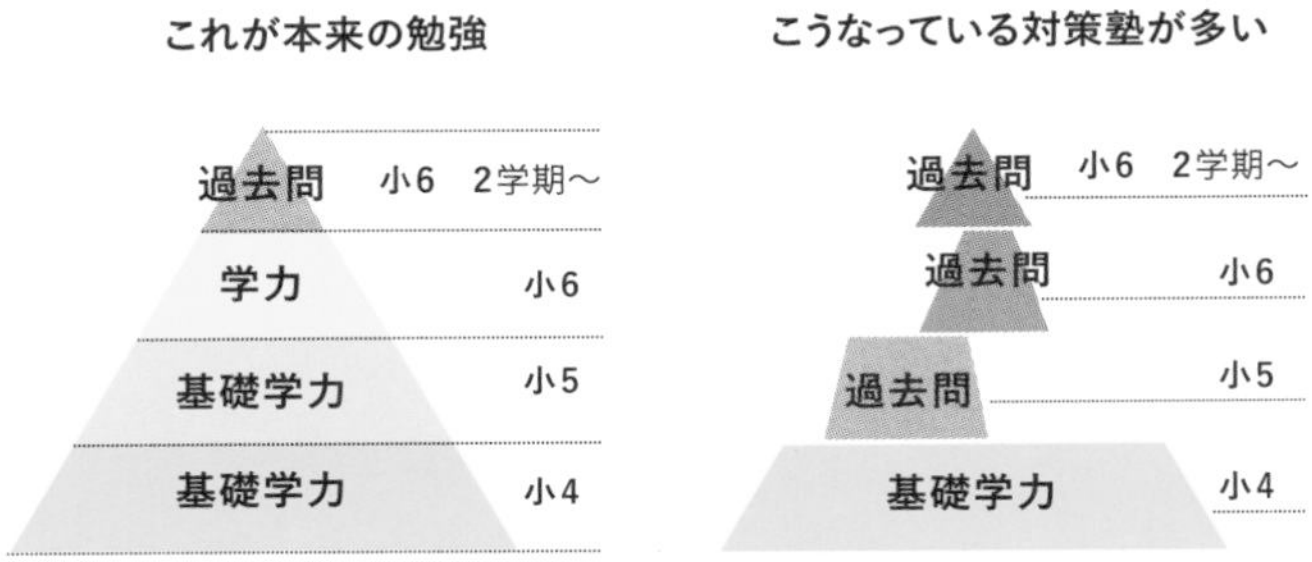

一方、私立中学受験や高校受験のカリキュラムは、長い歴史の中で洗練され、体系化された叡智の結集です。

指導の力量差や個々の習得スピードを差し引いても、手順とタイミングさえ誤らなければ、着実に学力を積み上げることができます。

適性検査対策のカリキュラムは、体系的な教科学習になっているとは言い難いものです。学力が十分に備わっている子の試験慣れにはなりますが、**費やした時間や労力の割には、ベースとなる学力の向上につながりにくい**という致命的な欠点を感じずにはいられません。

その穴埋めするのが指導者の役割ですが、残念なことに、テキストの問題を解き、模範解答をなぞるだけの授業になってしまうことが多く、適性検査が求める汎用性の高い学力にまで持っていける講師はごく少数です。

適性検査対策の大手塾が、合格者の「数」は出せても、合格「率」が振るわないといわれることが多い原因は、そこにあると私は思っています。

皮肉なことに、体系化されたカリキュラムで学んできた上位私立中学受験生のほうが、適性検査のテキストに基づいた学習を進めてきた生徒よりも、適性検査に必要なベースの学力が養われます。

結果、上位私立中学受験生の多くが公立中高一貫校で合格するのです。

『二月の勝者』(高瀬志帆著・小学館)という中学受験を題材にしたマンガでは、この点を鮮明に描写しています。第11巻で、最難関私立中である開成を目指す島津君が、都立中高一貫校の最難関である大石山(注:都立小石川のこと)の適性検査が、難関私立中学入試と本質が同じであることを見抜きます。

必要な知識量や準備期間の長さは比較になりませんが、難関私立中学と公立中高一貫校は、丸暗記では太刀打ちできない力を問うという点で共通しています。

上位私立中学受験層は、受験勉強の過程で自然と公立中高一貫校の求める学力が養われます。そして、適性検査対策を半年間した程度で合格しています。

逆説的に聞こえるかもしれませんが、**公立中高一貫校を目指すなら、早いうちから適性検査に特化した対策はしないでください。**

小６の２学期までは、適性検査を意識しない、広い意味での教科の学力を蓄えるようにしましょう。

STRATEGIC
HIGH SCHOOL
ENTRANCE EXAM

「戦略的高校受験ルート」の公立中高一貫校受検

ここまでを踏まえて、戦略的高校受験ルート、公立ルートをメインに考えている家庭が、公立中高一貫校にチャレンジしてみる場合のロードマップを提示しましょう。

戦略的高校受験を軸に、公立中高一貫校の受検を、高校受験やその先に続く自立した大人に成長するための「中継スポット」として位置づけます。

公立中高一貫校の受検を、「勉強の目的」や「ゴール」にしてはいけません。あくまでも長い学びの中継地点。専門的な対策は最小限にとどめるべきです。

まずはベースとなる「学力」の養成手段を二つ紹介します。

小学生らしい日常生活を送ることに配慮しつつ、適性検査対策に特化せず、仮に公立中高一貫校受検が不合格になっても、受検しない選択に進路変更しても、中学以降の学びに直結する学力の基盤を養成するプランです。

「都立中高一貫校受験」のロードマップ

①　通信講座
②　高校受験塾の「公立中進学コース」

学力養成のおすすめは通信講座の利用です。私のイチオシはZ会です。コースが多すぎて悩みますが、戦略的高校受験を軸にしつつ公立中高一貫校を受けるには、小学生コースの「ハイレベル」がちょうど良さそうです。

塾講師の私から見ても、Z会の教材は良質です。

私の周りは、お子さんにZ会をやらせている塾の先生が多いです。特に算数・数学の教材は、プロ目線でも高い評価を得ています。

また、保護者の伴走力が求められます

が、四谷大塚の「進学くらぶ」という選択もあります。私立中学受験向け教材である「予習シリーズ」に準拠した学習を進めていきます。

ただ、戦略的高校受験の公立中高一貫校受検としてはオーバーワーク気味なので、小学6年生から別教材に移行すると良いでしょう。


私が通信講座を推奨するのは理由があります。

小学6年生の夏にこそ、スペシャルな体験をしてほしいからです。

家族との長期旅行、習い事の合宿、キャンプ、短期留学など。この時期にしかできない体験を、ぜひしてください。

小学6年生は特別な時期で、二度とやってこない最大の「余白の時間」です。

低学年の記憶は成長するにつれ忘却しますが、小学6年生の体験活動は大人になっても残り続け、人生に大きな影響を与えていくことを、私はよく知っています。

通信講座を利用すれば、公立中高一貫校の受検と、特別な夏の体験はギリギリ両立が可能なのです。

あくまで公立中学に進学する前提で、公立中高一貫校もチャレンジしてみたいという場合は、適性検査対策に特化した塾ではなく、高校受験塾の「公立中進学コース」を活用するのも良いでしょう。

高校受験ルートを考えていて、公立中高一貫校だけチャレンジ受検する場合は、これでベースの学力を養成することができます。

ここだけの話、公立中進学コースの在籍者でも、小学6年生になってから適性検査対策を併用することで、合格する素質のある子は受かっています。

中学受験をしない小学生コースは、授業料が非常に安く抑えられているというメリットがあります。

適性検査対策塾よりも安価な月額1万円台で、国語や算数の基礎学力を養い、英語の文法学習もスタートできます。

・小学6年生の2学期から塾を活用する

小学6年生から適性検査対策を始めましょう。イチオシはZ会の「公立中高一貫校受検対策講座」です。「適性検査講座」と「作文講座」の両方を受講すると良いでしょう。

念押ししますが、**小学6年生になったとしても、優先すべきは「学力養成」です**。過去問中心の勉強はまだ早すぎます。定期的に模試を受けるだけで十分です。

小6の9月、満を持して「学力養成」から「過去問対策」に比重を置きます。ここから5カ月間は進学塾を活用しても良いと思います。

各塾の適性検査対策講座の利用を検討しましょう。ここは惜しまずにお金を出しても良い場面です。

(例)

・早稲田進学会　「小6最終直前対策講座」
・早友学院　「直前日曜特訓」
・ｅｎａ　「小6直前特訓」
・Z会進学教室　「志望校別特訓講座」

志望校別特訓や直前講習は、多数の校舎の生徒たちが集まるだけでなく、それまで通信講座だけで勉強をしてきた生徒も参加するので、外部生も参加しやすい雰囲気です。先生

通信講座主体の受検準備でかかる費用の目安

①私立中学受験塾に3年間通うと約400万円
②適性検査対策塾に3年間通うと約200万円
③通信講座3年間＋後期特訓の塾利用で約50万円

【③の内訳】

小4通信講座（4科）	7万1,760円
小5通信講座（4科）	8万9,760円
小6通信講座（4科）	9万7,920円
小6通信講座（適性＋作文）	7万7,520円
適性検査塾の後期日曜特訓	13万8,600円
模試代（6回分）	3万円
費用総額	**50万5,560円**

※通信講座費はＺ会のもので試算。

についても、その塾を代表する看板講師が充てられていたりします。

実のところ、こうした直前講座だけの参加者が、塾の合格実績に貢献しています（講座だけの受講生を合格実績にカウントする大手塾は少なくありません）。

通信講座主体の受検準備でどれだけの費用が掛かるのか、模試代も含めた費用総額を計算してみました（上の図）。

このようなモデルルートであれば、高校受験ルートや公立ルートの家庭が、公立中高一貫校受検をするのはアリだと思います。

経済的、精神的な消耗が小さく、将来の高校受験や、その先で役立つ本質的な「学力」を身につけられるからです。

公立中高一貫校が不合格になったとしても、そのダメージは限定的で、**公立中学校進学後にトップランナーでスタートできる可能性が高まります。**

中学受験率の高い都市部の公立小学校では、同級生の塾通いに触発されて、「中学受験をしてみたい」と子ども自身が言い出すことがあります。そのような子どもの受験欲を満たすための「戦略的高校受験」を軸にした、〝消耗しない公立中高一貫校の受検〟という考えが広まることを願います。

第3章

高校受験でおすすめ、「最強」の学習ルート

高校受験で希望の学校合格を勝ち取るには、
そのために必要な「学習ルート」を
選ぶのが最も近道です。
ここでは、塾選びや通い始める時期など
子どものタイプ別に実力を延ばす方法を紹介します。

STRATEGICALLY
PREP FOR
HIGH SCHOOL

高校受験の決着は中学入学前に「半分」ついている

実は、高校受験は小学校6年間で半分は終わっているといえます。自立学習の確立、算数や国語の基礎の構築、そして中学英語へのスムーズな移行は、小学生のうちに済ませておきたい「種まき」です。これらが高校受験の「土台」となり、高校受験そのものの難易度と、到達できる学力の上限値を決定づけます。

小学校時代に揺るぎない土台を築くことができれば、高校受験は早期からの進学塾通いは不要です。保護者の経済的、精神的負担も大きなものにはなりません。反対に、土台が仕上がらないまま中学に上がってしまうと、高校受験はハードなものになってしまいます。

中学生相手の高校受験指導が難しい要因は「可塑《かそ》性の低さ」にあります。つまり、子どもがなかなか変わりにくいのです。年齢を重ねるにつれて性格や習慣の柔軟性は失われていきます。**勉強習慣がゼロの子を勉強に向かわせるのは、小学生よりも中学生相手のほうが大変**です。

この章では、公立中学生の学習のモデルルートを示しますが、それは、小学校時代の土台あってこそ。この点を忘れないでください。

・通塾時期を決める三つの要素

中学受験は小学3年生の2月からのスタートが一般的とされています。

高校受験はどうでしょうか。ある中堅クラスの都立高校の新入生に対するアンケートによると、塾に継続的に通っていた生徒は60％でした。それ以外に、模試や講習会のみ塾を利用した生徒が14％、塾を利用していない生徒は26％でした。

継続的な通塾率がこの程度であることを意外に思うかもしれません。教育熱の高い東京であっても、高校受験の中間層はこんなものです。

さらにレベルの高い共通問題実施校最上位の都立小山台高校でも、主要7大塾の合格者の占有率は約45％にとどまっています。在校生に聞いたところ、周りは通信講座や地元密着型の塾、または講習会のみ塾を利用した生徒が多いそうです。

中学受験と高校受験の大きな違いの一つは、学校の授業内容が入試にどれだけ寄与するかです。中学受験では、小学校の学習内容と入試問題が大きく異なるため、塾のカリキュラムに頼らざるを得ない状況です。一方、**高校受験は中学校の学習内容を基にしているので、学校の授業を効果的に活用すれば、塾への依存を最小限に抑えることが可能**です。

とはいえ、塾での指導に携わる私たちから見れば、「もっと早く塾に通い始めていれば」と感じる生徒も少なくありません。高校受験のための塾通いの必要性やそのタイミングを決める際には、以下の三つのポイントを考慮すると良いでしょう。

①公立中学校の定期テストで5科目合計４００点（1科目80点平均）をクリアしているか。
②自立学習が身についているか。
③難関私立高校や独自問題を出題する公立都立高校を受ける予定があるか。

①のポイントは、公立中学校の定期テストの点数です。

1科目平均80点以上が取れていれば、おおむね公立中学校の授業がきちんと身についていると判断しても良いでしょう。

②のポイントは、自立学習習慣の有無です。

毎日の勉強習慣が確立していて、定期テストや検定試験に向けた勉強を計画的に進められれば、通塾時期を繰り下げることができます。自立学習が身についていないなら、塾を

「自立学習の習慣化」成功した高校受験パターン

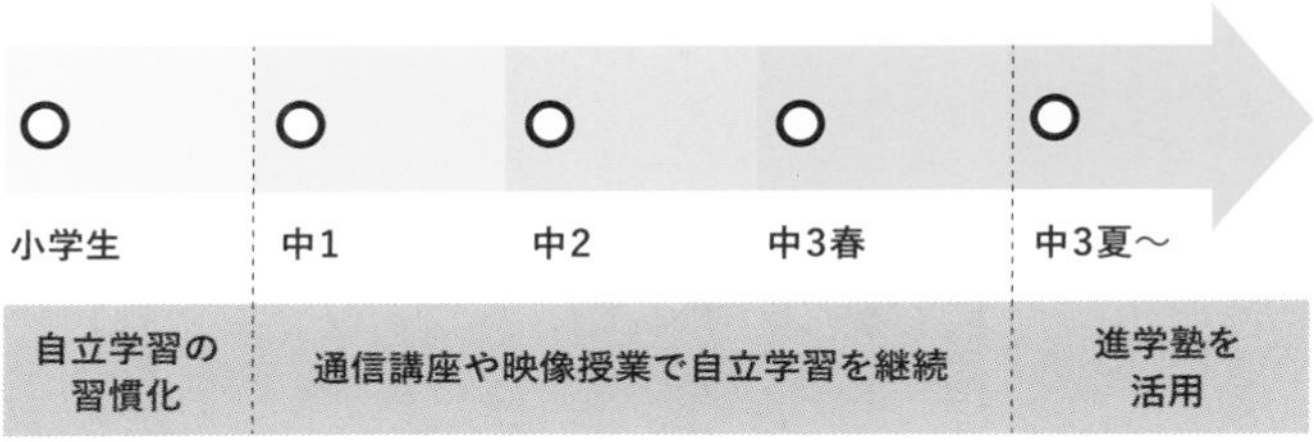

学習のペースメーカーとして機能させるのが賢明です。

③のポイントは、特別に高度な受験対策が必要かどうかです。

早慶附属のような難関私立高校の場合、遅くとも中学2年生の時点で、塾に通い始めることが望まれます。

また、高難度の入試問題を出す公立・都立高校に挑戦する場合、通信講座や講習会だけで対策をすすめることも可能ですが、中学3年生からは塾で対策したほうが効率的です。

STRATEGIC
HIGH SCHOOL
ENTRANCE EXAM

勉強が得意な子の「早期からの通塾」は逆効果になることも

難関高校に合格する生徒は、早い時期から通塾していると思うかもしれません。しかし、現場の感覚では、まったくそんなことはありません。中学3年生になると自立学習を身に付けた優秀な子どもたちが一斉に入塾するからです。

彼らは**自立学習を武器に、早期通塾組をあっという間に追い越します**。中学3年生からの通塾で、難関公立・都立高校や、早慶附属校に間に合う生徒が毎年出ます。

早期の塾通いが高校受験で必ずしも有利に働くとは限りません。自分自身のペースで勉強ができなくなり、自学自習の能力が育たない恐れがあること、また、小学校時代に英語や数学の学習を進めていた場合、中学1年生の塾の内容を物足りなく感じることが考えられます。進学塾では、中学2年生以降に優秀な生徒が塾に入りやすいように、中学1年生ではカリキュラムの進度を抑えているからです。**英語や数学を進めて「逃げ切り勝ち」を目指す子は、早期の塾通いが足かせになってしまう場合があります。**

・中学3年から塾に入る優秀な子のパターン

中学3年生から入塾する優秀な子は、①自立学習スタイルを追求してきた子、②英語か数学のどちらかを究めてきた子、あるいは両方とも究めたタイプが多いです。

後者については、英語は小学校時代から継続する専門塾でハイレベルな学習を進めてきた子や、小学校から数学に踏み込み、高校数学まで進めてきたような子です。高校受験の後、進学校でトップランナーになるのは、早期通塾組よりも、このようなタイプの子たちだったりします。

早期から進学塾への通塾が必ずしも正解ではないことを知っておきましょう。

・中・下位層は「末期状態」になる前に手を打つ

逆に**中学1年生から通塾してほしいのは、公立中学校の定期テストで平均点を下回っているようなケース**です。公立中学校の授業は親世代よりも難度が上がっています。平均点を下回るような状態を放置していると、あっという間に勉強がわからなくなってしまうので、一刻も早く塾に通ってほしいと思います。

中学3年生になると、自立学習が身についた優秀な子どもが入塾するのとは対照的に、手の施しようがない「末期状態」の子どもと親が入塾相談にやってきます。

小学校算数でのつまずきが埋まらずに進んでしまった数学、be動詞と一般動詞の区別も曖昧な英語、ほとんど抜け落ちた理科・社会。こうなると、高校入試までに完全に立て直すことは難しくなります。そうなる前に対処することが大切です。

5科目に平均点を下回る科目があったり、5科目の評定で「3」が中心のときは、学校の授業についていけていない可能性が高いですから、早期通塾を視野に入れましょう。

高校受験の早期の塾通いは、学力上位層よりも中・下位層の生徒に大きな恩恵をもたらします。

都立高校のリアルな通塾率

塾や予備校が次々と潰れています。少子化の影響もありますが、それ以上に塾に通う生徒が減ったという印象です。私立中高一貫校ルートの通塾率の増大とは対照的です。

進学指導重点校の指定を受ける都立青山高校の2022年12月時点での通塾率は次のようになっています。

高1……13％　高2……20％　高3……72％

塾や予備校の多い都心部の進学校ですが、高2までは通いません。高3になっても、3割は塾・予備校に通わずに学校の授業と講習で大学受験に挑みます。

青山高校が新入生向けに配布する「進路ノート」を拝借しました。膨大な進路データが掲載されています。以下は地方国公立大医学部に進学した生徒の学習ルートです。

「予備校は高校2年の12月から数学を単科受講し週1回、スタディサプリで高1春から理科の予習。それ以外は学校の授業と講習をフル活用」
高3の夏まで運動部で、青山高校の最大の売りの外苑祭も最後まで楽しんだという典型的な「青高生」です。おおよそこのような学習ルートが、令和の都立高校の進学校のスタンダードといえます。

次は中堅校の豊島高校の通塾率です。

高1…24％　高2…34％　高3…36％

中堅の都立高校になると、塾や予備校通いはガクンと減ります。

それでも、豊島高校の進学力はなかなかのものです。法政大学の現役進学者ランキングで上位になるほど、大学進学実績は伸びています。中堅系の都立高校は、指定校推薦や総合型選抜といった、いわゆる「年内入試」にも力を入れています。こうした入試は、学校の勉強を頑張るだけで完結します。塾の必要性を感じる機会自体が減っているのです。

保護者にこうした通塾率の数値をお見せすると、ほとんどの方がとても驚かれます。抱いていたイメージとだいぶ違うようです。

高校受験には二つの学習ルートがある

私立中学受験の勉強は、ほぼ一本道です。どの塾に通っても、学ぶ内容やカリキュラムに大きな差はありません。

一方、高校受験のほうは、学習ルートが二つに分かれています。それによって、目指せる志望校の範囲や、学習のリズムが変わります。それぞれの学習ルートの概要は次のようになっています。

☑「実力養成ルート」

入試の得点力強化や、将来の難関大学受験に向けた実力養成に全振りした学習ルートです。公立中学校のカリキュラムに準拠せず、塾やコースによっては高校課程にも踏み込む発展的な学習を進めます。勉強が得意な中学生、自立学習が身についていて、定期テスト勉強は自分でできるタイプの子に向いています。やりようによっては、中高一貫校のトップランナーと互角以上の力をつけることもできます。ただし、向き不向きがはっきりしています。

☑「中学準拠ルート」

公立中学校のカリキュラムに準拠して学習をしていくスタイルです。高校受験のメリットである「中学の授業が役に立つ」ことを最大限に生かして、中学校の授業をしっかりと理解して、定期テストで高得点を取りながら内申点を確保し、入試の得点力を強化していく。高校受験の王道であり標準ルートです。

私はそれぞれのルートで指導経験がありますが、両者では「高校受験」の見え方が異なります。**そこに「優劣」はありません。本人の「適性」のほうが重要です。**

この二つの学習ルートの存在を理解することで、高校受験の捉え方の解像度が大きく上がります。進学塾のミスマッチも減るでしょう。次の項目からそれぞれのルートについて、解説をしていきましょう。

STRATEGIC
HIGH SCHOOL
ENTRANCE EXAM

◆「実力養成ルート」の解体図

得点力強化にリソースを集中投下する「実力養成ルート」

入試の得点力強化に全振りして、難関高校受験、その先の難関大学へとつながる学力を身につけることを目指すのが「実力養成ルート」です。次の項目に三つ以上当てはまったら、このルートでの学習を考えても良いでしょう。

- ☑ 中学受験時に日能研・四谷大塚の偏差値55以上の学力があった。
- ☑ 小学校時代に数学や英語の学習を高い次元で進めてきた。
- ☑ 学習意欲が旺盛でハイレベルな問題に果敢にチャレンジしたい。
- ☑ 難関私立高校や、公立・都立トップ校を志望している。
- ☑ 医師や東大のような高い学力が求められる職種や大学を目指している。
- ☑ 自立学習習慣が身についていて、定期テストの手厚いサポートを必要としない。

・高校課程まで踏み込む高度なカリキュラム

実力養成ルートを強力にサポートしてくれて、学習のペースメーカーの役割を果たしてくれるのが「実力養成型」の進学塾です。都内大手塾では、Z会進学教室、SAPIX中学部、早稲田アカデミー、河合塾Wingsが当てはまります。おおむね次のような共通の特徴があります。

①定期テスト対策は行わない

中学校の定期テスト対策は実施しません。普段の授業で十分に対応ができるという方針です。その分の時間を、進度を進めることや得点力の強化に注力します。

②教科書を超えたハイレベルな学習を行う

難関高校入試では、教科書のレベルを超えた問題が出題されます。高度な入試問題に対応するために、早めに中学内容を終えて、応用問題や発展問題を多く扱います。

◆「実力養成ルート」の解体図

実力養成型の塾はどのようなカリキュラムで進んでいるのか

実力養成型の進学塾ではどのような授業が行われているのでしょうか。ある実力養成型のカリキュラムを科目別に覗いてみましょう。

◆英語

中学2年生から学習ペースを加速し、中学3年生の春ごろまでには中学範囲の文法を終えます。その後は、過去完了、関係副詞、分詞構文、知覚動詞、強調構文といった高校範囲の英文法に踏み込み学習します。

◆数学

図形、確率、整数の分野で高校数学ⅠＡまで事実上踏み込んだ学習をします。「図形を制する者は、難関高校入試の数学を制す」という言葉に従って、難関高校受験の肝である平面図形や空間図形の分野で、時間をかけて思考力を養います。中学校の学習範囲にとらわれない考え方や定石を学ぶことで、高校数学へとスムーズにつながる学習を進めます。

◆国語

中学入試にはない古典も学び、高校入試と大学入試の境目があいまいな科目です。難関高校の入試問題は、中堅国公立大学と同水準です。ある大手塾の最上位クラスは、中3の夏に東大の現代文過去問を扱っています。

小学校時代にバランスの良い学校生活を送った子どもたちが、心身の成長が伴ってくる中学生になるのを待って、短期間で受験の上位ランナーへと駆け上がる、これが実力養成型塾の特徴です。

・難関都立高校も実力養成型の塾が合格実績を伸ばす

実力養成型塾は、ひと昔前まで難関私立高校を受ける受験生の塾といった印象でした。ところが2000年代以降、東京では2番手以上の都立高校が自校作成問題を導入して独自の入試問題を課すようになり、内申点のウエイトが下がると、そのイメージが変化しました。

難関私立高校と同様に、**難関都立高校入試も筆記試験に振り切った受験生が力を発揮する時代に突入**したのです。

Ｚ会進学教室、河合塾Ｗｉｎｇｓに代表されるような、難関都立高校に強い実力養成型の進学塾が台頭したのも２０００年代以降です。難関都立高校受験のメインストリームは、90年代までの「内申対策を基本とした塾」から、「内申対策よりも実力養成に振り切った塾」に移り変わっています。

上位校の実力勝負の流れは東京都に限らず、埼玉県、千葉県、神奈川県、京都府、大阪府など都市部を中心に全国に広がりつつあります。この変化を理解し、早めに対策を立てることで、上位校進学のチャンスを高めることができます。

［公立上位校が独自の難度の高い入試を課す都道府県］
東京都（自校作成問題）、神奈川県（特色検査）、埼玉県（学校選択問題）
大阪府（Ｃ問題）、岡山県（自校作成問題）、京都府（独自学力検査）

併願合格校を見れば学習ルートがわかる

◆「実力養成ルート」の解体図

実力養成ルートと中学準拠ルートでは、同じ「都立トップ校合格」でも、併願した受験校に差が生じます。

実力養成ルートで学んできた受験生は、高校範囲の学習内容やハイレベルな入試問題を取り入れることで、早慶附属や、筑波大附属、筑波大附属駒場、東京学芸大附属、渋谷教育学園幕張、市川、開成といったオープン入試型の難関校を併願するケースが目立ちます。

中学準拠ルートで学んだ受験生は、錦城、八王子学園八王子、朋優学院、帝京大学高校、桐蔭学園、西武学園文理、栄東といった、事前相談等で確実な合格をもらえる併願校だけの受験者が増えます。

オープン入試を挟むにしても、中大杉並や明大中野八王子のようなＭＡＲＣＨ附属校や、桐光学園、ＩＣＵ高校、國學院大久我山といった、難関校の一つ下の偏差値帯の受験が中心になります。

実力養成型の塾に合っている子・合っていない子

実力養成型の塾講師

実力養成型の塾に通えば
本質的な学力が身につくので、
定期テスト勉強に
時間をとられません。

実力養成型の塾が合っている子

塾でハイレベルな
学習をしているから、
定期テストが簡単に感じる！

実力養成型の塾が合っていない子

塾の勉強が負担で、
定期テストの勉強の時間が
とれない…

実力養成型の塾出身の合格例

都立西高校合格！

筑波大附属、早稲田実業も
併願合格

中学準拠型の塾出身の合格例

都立西高校合格！

中大杉並、桐蔭学園も
併願合格

・実力養成型の塾生を悩ます定期テスト勉強と塾の両立

実力養成型の塾生を悩ますのが、学校の定期テスト勉強と塾の勉強の両立です。

実力養成型の塾は広域から生徒が通うため、中学校の定期テストに対する配慮がありません。塾と学校の進度にはズレが生じます。

学力の高くない生徒や、学習習慣のない生徒は、定期テスト勉強と塾のカリキュラムの両立が困難になり、消化不良を起こしがちです。

定期テスト期間中はテスト勉強に集中したいタイプの中学生は、実力養成型の塾に通うよりも、中学準拠型の塾にしたほうが良いでしょう。

◆「実力養成ルート」の解体図

実力養成ルートの目安は「オール4」と「駿台偏差値50」

実力養成ルートの継続判断は、9科目の合計内申36と駿台中学生テストの偏差値50を目安にしてみてください。

9科目合計内申36（オール4）は、都立自校作成校を目指す生徒が必要な最低内申の目安です。この基準をクリアすれば、試験当日の実力勝負に持ち込めます。この基準は高いハードルではありません。東京都の公立中学校において、評定「4」以上は上位36％の生徒が獲得しています。この基準を満たせないときは、学習ルートを再考したほうが良いでしょう。

学力については、駿台中学生テストの偏差値50が目安となります。このテストは、駿台グループ主催の全国模試で、全国各地から学力に自信のある生徒が受験します。そのため、他の模試に比べて偏差値は低く出ます。

多くの実力養成型の塾では、駿台中学生テストの偏差値50前後をクラス移動の基準に採用しています。常に偏差値50を下回ってしまう場合には、学習ルートを再考しましょう。遅くとも中学2年生ごろまでには、わが子が実力養成ルートに適しているかどうか、判断しましょう。

・実力養成型の塾の典型的な失敗パターン

実力養成型の塾の選択には、何度も繰り返されている失敗パターンが存在します。一般的に多い相談内容は以下の通りです。

上位の都立高校に進学してほしいという希望を持つ保護者が、深く検討することもなく「家に近いから」「勉強のできる子が多いから」という理由で実力養成型の塾を子どもにすすめます。

ところが、学習負担が予想以上に大きく、英語や数学の授業についていくだけで手いっぱい。理科や社会の勉強まで手が回りません。定期テストのフォローは一切なく、定期テスト勉強に専念したい直前日も、「塾の授業を欠席してはならない」という雰囲気で休めず、定期テストの点数は徐々に低迷します。

中学3年生になると、この問題はさらに顕著になります。内申点も低迷し、理科や社会の偏差値も伸び悩みます。塾からは「理科と社会を捨てて3科目に絞りましょう」という提案を受けます。かといって有名大学の附属校に合格できる力もありません。こうなるといよいよ八方ふさがりで、高校の選択肢はほとんど残されていません。

実際に、私は実力養成型の塾の下位クラスで苦戦している生徒たちを多く見てきました。中学準拠ルートであれば、より良い成果を上げる可能性があるにもかかわらず、**学習ルートの選択を誤ってしまったがために、成績が停滞している**層は少なくありません。

また、実力養成型塾には、5科目入試に強い都立自校作成校向けの塾や、3科目入試に強い私立附属校向けの塾と、それぞれに得意分野が存在することも意識しなければなりません。**都立高校志望なのに私立附属志望生徒の多い塾に入ってしまった結果、「私立高校の入試問題ばかりやらされる」**といった不満が11月以降に噴出します。

実力養成ルートを前提とした塾選びは、慎重な適性判断と「撤退ライン」の設定が大切です。高校受験でこれをミスしてしまうと、致命傷になりかねないのです。

6 都立高校の夏期講習とは？

月のある日、都立高校の2年生たちが「夏期講習のどれを取ろうか」という会話を交わしていました。予備校の講習の話かと思いきや、学校が主催する校内夏期講習の話でした。昨今の都立高校は、ずいぶんと進学指導が手厚くなりました。

次ページの表は、都立高校のある1日に開かれている夏期講習の講座名です。成績不振者向けの講習を除けば参加自由です。塾や予備校に通いたい人は通うし、学校の講習を利用しても良いということです。

中堅校の夏期講習の例を見てみましょう。

「高1数学基礎」や「高1古典文法補習」は指名制で、1学期で成績不振に陥った生徒が強制的に夏休みに参加させられる補習です。「高1先取り数学」は、2学期以降の学習内容を先取りしたい意欲的な上位層に向けて作られた講座です。この学校は豊島高校（東京都豊島区）です。この学校では、入学してすぐの入門期合宿、希望制の勉強合宿、春期講習、GW講習、夏期講習、冬期講習まで学校がやってくれます。

ある都立高校の夏期講習の例

難関高校の例

- アジア・アフリカの民族運動と対立
- 物理上級（難関大学向け）
- 東大英語
- 場合の数・確率
- 化学「酸化還元」中〜上級
- 基本講座　古文B
- 難関国立大学の英語
- 数学Ⅲ（基礎から標準）複素数平面を除く
- 数学Ⅲ　面積・体積（応用）
- 倫理　源流思想
- 基本講座　現代文B
- 筑波大・千葉大の英語
- ベクトル・図形と方程式
- 複素数平面
- 系統地理①
- 系統地理②
- 国内政治・国際政治
- 55年体制以降
- 物理・基礎力養成

中堅高校の例

- 漢文基礎
- 日東駒専 中堅私大現代文
- 中堅私大古文
- GMARCH国語
- 高2基礎古典
- 高1古典文法補習
- 高1漢文補習
- 数学Ⅲ複素数平面演習
- 数学Ⅲ極限・微分演習
- テーマ別演習「ベクトル」
- テーマ別演習「数列」
- テーマ別演習「三角関数」
- テーマ別演習「微分積分」
- 高1数学発展
- 高1先取り数学
- 高1数学基礎

STRATEGIC
HIGH SCHOOL
ENTRANCE EXAM

◆「中学準拠ルート」の解体図

中学受験にはない「中学準拠ルート」とは

「中学準拠ルート」は、中学受験にはない、高校受験ならではの学習ロードマップです。「学校の授業が役に立つ」という高校受験のメリットを生かして、公立中学校のカリキュラムに準拠して学習を進め、定期テストのたびに集中的な復習と定着作業を繰り返すことで、入試の地盤となる内申点と得点力をバランスよく獲得していきます。次の項目に二つ以上当てはまったら、このルートを考えましょう。

☑ 自立型の学習習慣が身についていない。
☑ 定期テスト期間はテスト勉強に集中したい。
☑ 内申点を活用した単願・推薦入試を考えている。
☑ 中学校のカリキュラムに準拠した内容を学習したい。

定期テスト勉強の黄金サイクル

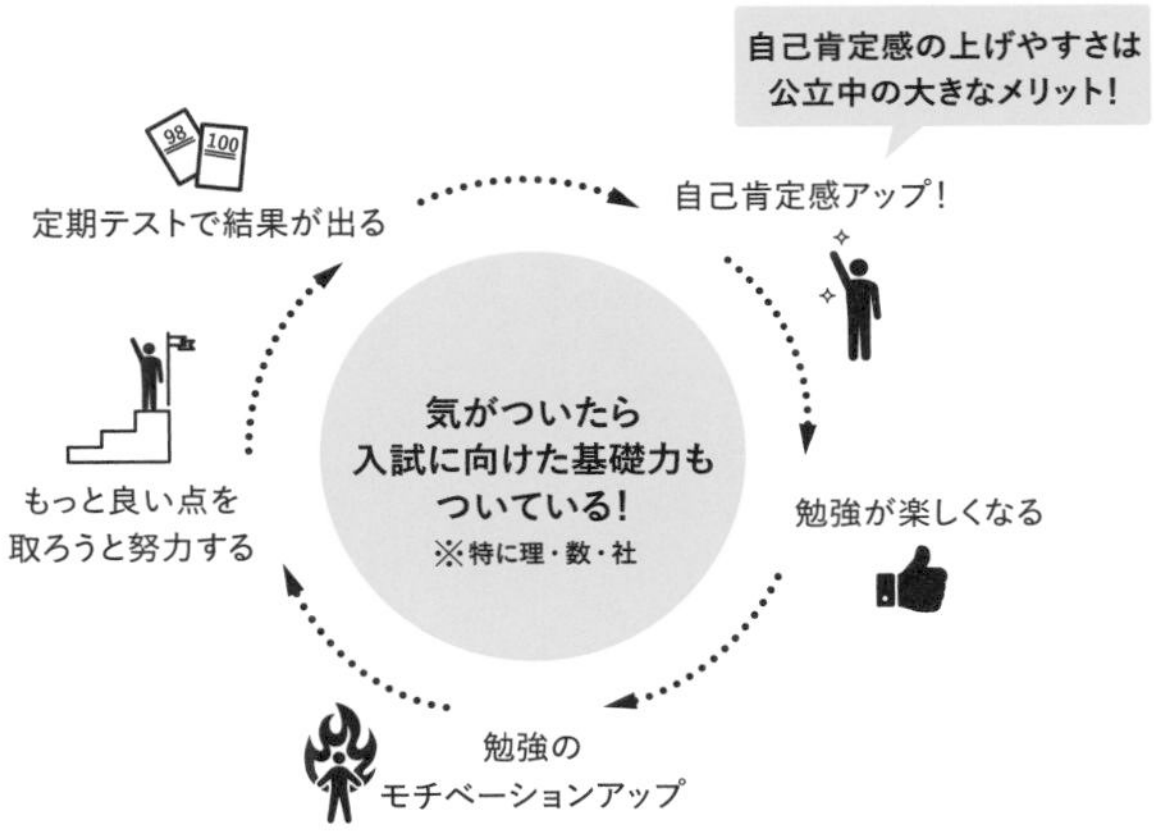
自己肯定感の上げやすさは
公立中の大きなメリット！
定期テストで結果が出る
自己肯定感アップ！
勉強が楽しくなる
勉強の
モチベーションアップ
もっと良い点を
取ろうと努力する
気がついたら
入試に向けた基礎力も
ついている！
※特に理・数・社

・定期テストの結果はやる気アップの大きな起爆剤

中学準拠ルートの魅力は、**定期テストの達成感を味わうことに重きを置いている**ことです。定期テストで結果が出れば、同級生からは一目置かれ、先生や親からも褒められます。**「褒め」は最大のご褒美**です。授業も楽しくなり、次回も良い点数を取ろうと努力します。

定期テストで結果が出る➡自己肯定感が上昇➡勉強が楽しくなる➡勉強モチベーションアップ➡もっと良い点数を取ろうと努力する。

私はこれを「**定期テスト勉強の黄金サイクル**」と呼んでいます。

STRATEGICALLY
PREP FOR
HIGH SCHOOL

◆「中学準拠ルート」の解体図

中学準拠型の進学塾の売りは「面倒見の良さ」

中学準拠ルートを強力にサポートするのが、定期テスト対策の充実した「中学準拠型」の進学塾です。ある塾では、定期テスト前には次のようなことを行っています。

☑ 中学校の提出物のチェック。
☑ 中学校のワークの確認。
☑ 定期テスト範囲の演習授業。
☑ 1週間前からほぼ毎日、塾で自習。

家では勉強しないような中学生も、定期テスト前は全員が自習に参加し、提出物のチェックや学校ワークの確認を受けますから、否が応でも勉強に向かわざるを得ません。

中学準拠型塾のフォローの範囲はさまざまです。定期テスト前に自習時間を確保する塾から、提出物の期限内提出をサポートする塾まであります。なかにはある中学校に特化してカリキュラムを進める専門塾も存在します。

面倒見の良い塾は保護者から支持を受けやすい一方、**過度のサポートで受け身の学習姿勢を助長する可能性**もあります。実際、評判の中学準拠型の塾に通わせた保護者から「高校進学後に勉強のやり方がわからなくなって成績が低迷してしまった」という相談を受けたことがあります。

定期テスト対策が手厚い塾を選ぶ場合、自立学習へと徐々に向かわせてくれる方針の塾が理想です。

・テスト勉強を頑張りすぎると受験学力が伸び悩む

定期テストの勉強はとても大事です。しかし、**目先の定期テストの点数だけを追う勉強を日常的にしていると、受験に向けた学力は下がる恐れがあります**。本質的な勉強から外れてしまいがちだからです。

その一例が、定期テスト対策と称したワークの丸暗記です。範囲のワークを2周、3周と繰り返すような勉強を延々と続けていると、典型問題に対する瞬発力は鍛えられますが、

中学校の勉強と入試に向けた勉強の乖離《かいり》度

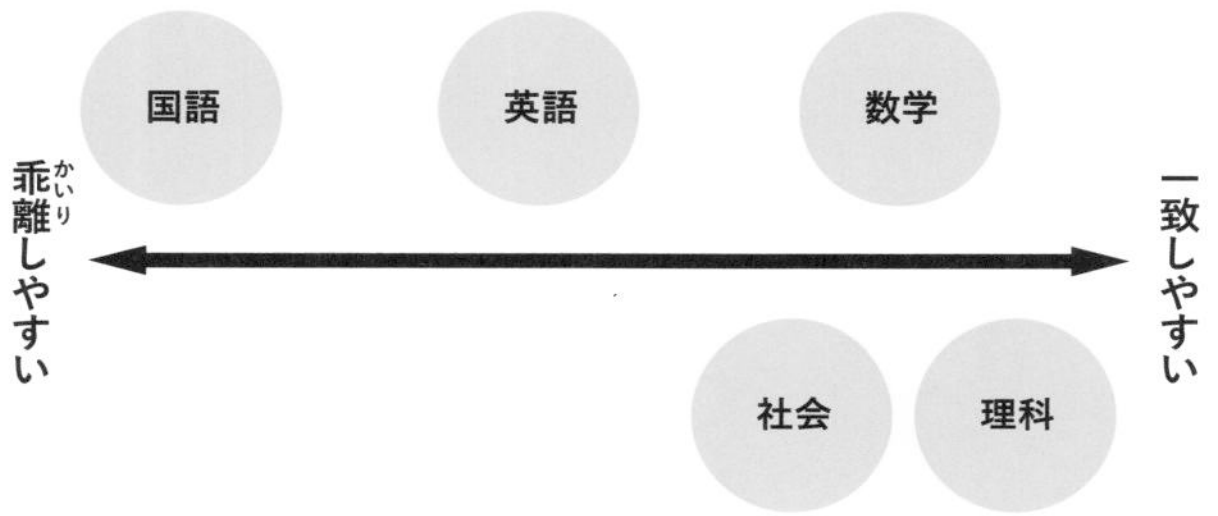

入試で必要な初見問題に対する対応力が養われません。定期テストのための勉強を頑張るほど、長期的な学習目標や入試で求められる能力の向上に逆効果になるというこの現象を、〝定期テスト勉強のパラドックス〟とでも名づけましょう。

中学準拠型の塾では、中学3年生になると、本格的な入試対策の授業がスタートします。それより前の**中学1～2年生の期間に、その先を見越した本質的な勉強をどれだけすることができたかで、学力の伸びが変わります**。定期テスト対策と実力養成のバランスを意識して学習を進めましょう。

STRATEGIC
HIGH SCHOOL
ENTRANCE EXAM

◆「中学準拠ルート」の解体図

定期テスト対策が売りの塾にも「実力養成型」のコースがある

「中学準拠型」にカテゴライズされる進学塾であっても、その内部に実力養成コースが併置されている場合があります。

たとえば、中学準拠型の大手塾ｅｎａは、通常コースとは別に「最高水準」というブランドを展開しています。この「最高水準」は、実力養成型の形態をとっていて、定期テスト対策をせずに難関高校入試に向けた学習に注力します。

具体的には、都立自校作成校を第一志望にしつつ、難関私立高校に併願合格できる実力養成を目指します。

同じように、中学準拠型の臨海セミナーには「ＥＳＣ難関高校受験科」が、栄光ゼミナールには「難関高校入試対策コース」という実力養成コースがあります。

このような実力養成コースが設置されている中学準拠型塾には、単独型にはないメリットがあります。それは**コース変更が柔軟であること**です。

中学準拠型の塾の中にある「実力養成コース」

たとえば、普通の臨海セミナーの中学生コースに通っていたら、実力が大きく伸びて、実力養成コースでもやっていけそうな学力がついたとします。そうすると、塾の先生から「ＥＳＣへ来ないか」と声がかかります。逆の場合も同じです。ＥＳＣについていくのが厳しくなってしまった場合、「定期テスト対策のある中学生コースのほうが良いのではないか」と提案を受けることもあります。

中学生にとって転塾の心理的ハードルは高く、慣れ親しんだ環境からの変化を恐れ、転塾を拒むことがあります。

しかし、同じ塾内のコース移動なら、それほどでもありません。

STRATEGICALLY
PREP FOR
HIGH SCHOOL

高校受験で「塾なし」の期間を最大化する

高校受験は自立学習の習慣を身につけることで、「塾なし」での学習期間を最大化することができます。**中学2年生までは通信講座や映像授業をフル活用して、中学3年生になってから通塾を検討**してみてはどうでしょうか。

ここで強調したいのは、塾に通わない選択が、決して経済的な理由からの強制や、不利な状況を意味するわけではないという点です。自立学習のスキルを身につけることは、その生徒にとって計り知れない価値があります。自ら学び取る力を持った生徒は、高校生活でもその勢いを維持し、成長し続けることが多いのです。

コロナ禍を契機に、通信講座の質と範囲は飛躍的に向上しました。インターネットを活用した教育のイノベーションにより、新しい学習の形が次々に登場しています。最近の「塾なし」学習環境は、親世代では考えられない充実ぶりです。ここからは、令和新時代の「塾なし勉強法」を紹介しましょう。

・タブレットで大きく進化した「通信教育」

親世代の塾なし教材といえば、紙教材をベースにした通信教育でした。現在の通信教育は、タブレット端末を活用しています。タブレットならではの機能として、24時間質問ができるチャットシステムや、勉強習慣を身につけるためのオンライン自習室、映像による授業動画、オンラインホームルームが装備され、継続しやすいシステムに変わっています。高校受験でよく使われる通信教育、映像授業教材は以下の通りです。

進研ゼミ：タブレットか紙教材かの選択制。実技教科を含む9教科のテスト対策が充実しています。定期テスト対策と得点力養成をバランスよく行い、都立高校の共通問題の上位校を目指したい子ども向け。

Z会：タブレットか紙媒体かの選択制。5教科セット受講か1教科ごとの選択も可能です。難関都立高校のZ会進学教室のベテラン講師による映像授業付き。得点力養成に重きを置いていて、難関国私立入試問題の演習もあり、都立自校作成校レベルを目指したい子ども向け。

スマイルゼミ：タブレット専用教材。実技教科を含む9教科対応。標準クラスのほかに、自校作成校レベルの難関高校に対応した特進クラスあり。

スタディサプリ：タブレットやスマホ、PCによる映像教材。小学校範囲から高校範囲までの映像授業が見放題。高校範囲も含めて学習内容を先取りしたい子にもおすすめ。

タブレットタイプの通信教育や映像教材を活用する利点の一つは、**オープンカリキュラムを通じて学年の枠組みを超えた学習が可能**になることです。すべての学年の講座が開放されているため、前の学年の内容に戻ったり、実力養成ルートで難関高校を目指す子どもが、1学年や2学年先の内容を先行学習したりすることができます。

対面式の進学塾や、紙教材の通信教育では、教育カリキュラムによる制約があり、学年を超えた先取り学習が困難でした。しかし、タブレットタイプの通信教育の導入によって、従来に比べて格段に柔軟な学習が可能となりました。

中学1年生のうちは、進学塾でも進度は遅めです。余力のある優秀な子の中には、塾に通うよりも、オープンカリキュラムの通信講座や映像教材でどんどん先に進めるほうが適している子もいるのです。

・勉強の習慣化を促す「学習コーチング」の活用

中学生の勉強の習慣化を強力に促す新しいサービスが「学習コーチング」です。「学習コーチング」とは、**保護者の「勉強しなさい」という声掛けを代行してくれるサービス**です。主にオンライン上で行われ、次のようなことを保護者の代役で行います。

☑ オンラインで勉強の進捗のチェック
☑ 中学校の提出物のチェック
☑ 定期テスト対策の進捗管理
☑ 悩み事の相談

私も中高生の学習コーチングをしています。日々の学習成果をオンラインで写真付きで報告してもらい、私はそれをチェックして承認をするだけです。たったこれだけで、中高生は勉強習慣が定着します。

中学生になると、保護者から勉強の指示をされるよりも、保護者以外の第三者のアドバイスのほうが素直に聞いてくれます。

スマホで気軽に相談できる「学習コーチング」

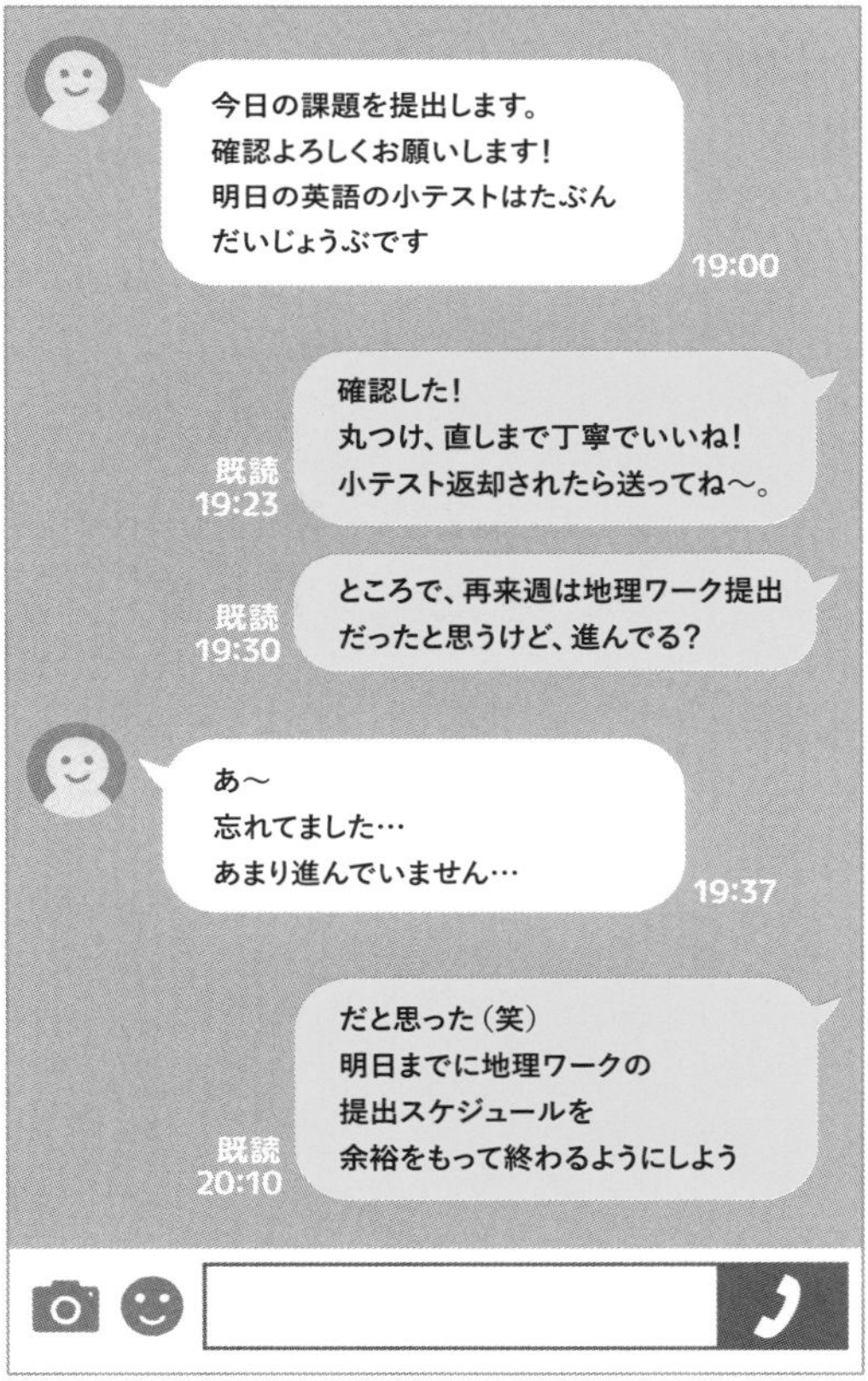

Question：教えて！ 先生

小学校の高学年から不登校気味。
中学に入学後も不登校が続いたら、
高校に進学できるか心配です。

私立高校はもちろん、都立高校に進学できる道もあります。

不登校でも、都立高校に通える道はあります。不登校になると、通知表の評価・評定が低くなってしまうことを心配されるかもしれません。ただ、内申点がつかない、あるいは低くても、入試当日の学力検査のみで勝負することは可能です。また、都立高校には237ページにあるようなエンカレッジスクールやチャレンジスクールもあり、不登校や発達障害のお子さんも入学しています。実際、特別支援学級に通っていたお子さんのうち1割程度はチャレンジ、エンカレッジスクールに入学しているようです。ただ、中途退学をする子も少なくありません。私は日頃、「入学できる高校」よりも「卒業できる高校」を選ぶようにお伝えしています。なお、意外に知られていませんが、都立（公立）高校を受験する場合、選べるなら評価・評定は最低の成績と評価される「1」よりも、評定不能の「斜線」のほうが有利です。

第4章

親世代とは違う「内申点」の考え方

公立の中学に進むとなったとき、
気になるのが「内申点」ではないでしょうか。
高校受験にはもちろん内申点が大きく影響しますが、
親世代とは基準や制度が
大きく異なっているのが現状です。
イマドキの内申点事情をお伝えします。

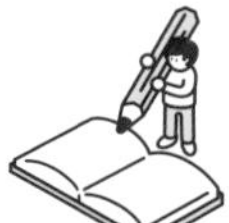

STRATEGICALLY
PREP FOR
HIGH SCHOOL

親世代よりも評定「5」の割合が倍増

保護者からの声でよく耳にするのが、公立中学校の内申点（評定）に関する不安です。かつての内申点制度と現在のものは大きく異なり、その違いを正確に理解することで、受験への不安を軽減できるでしょう。

２００１年までの公立中学校は、**相対評価**という評価の方法を採用していました。評定「５」の割合が全体の７％、「４」が24％、「３」が38％、「２」が24％、「１」が７％と、評定が正規分布になるように、あらかじめ割合が厳格に定められていました。この評価方法は、学力レベルの高い中学校ほど「５」が取りづらいという問題点がありました。

２００２年以降、評価方法は大きく変わりました。相対的な評価から、生徒一人ひとりの到達度を重視する**絶対評価**へとシフトしたのです。これにより、**各中学校は地域の学力の実情や生徒の努力に応じて、自由に評定をつけることが可能**となりました。

絶対評価への移行がもたらした最も大きな変化は、評定が「2」や「1」の割合の低下で

これだけ違う！「絶対評価」の内申点分布

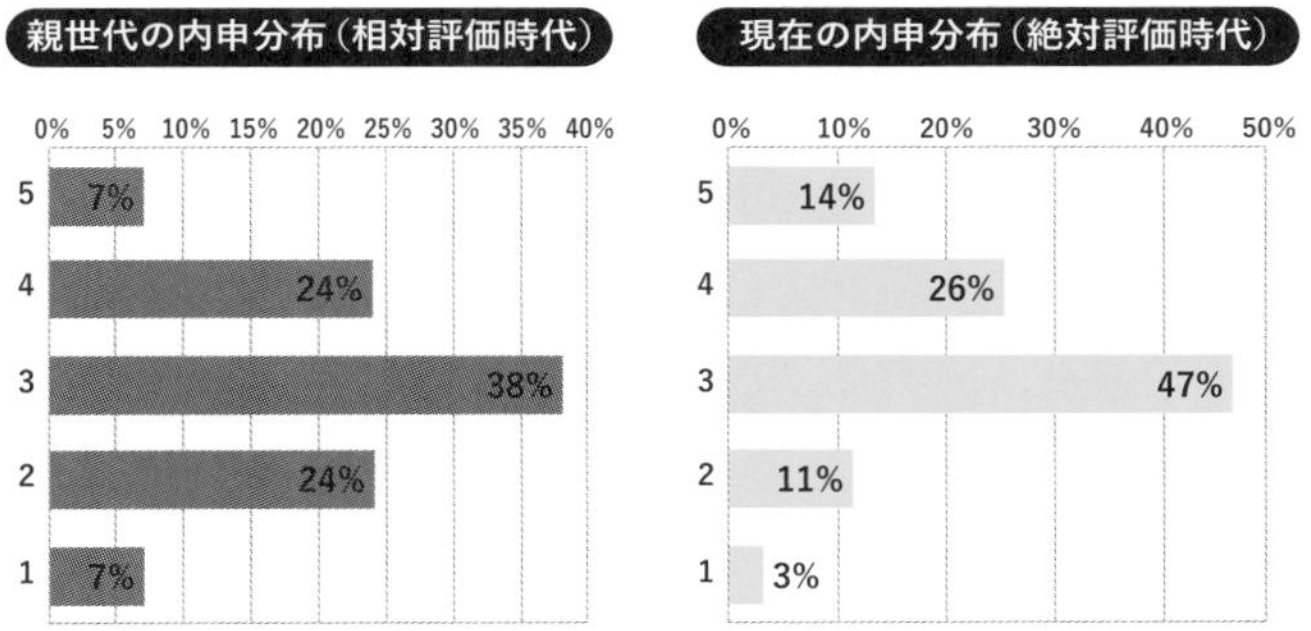

都内公立中学校評定状況の調査結果（教育庁・令和3年度）より作成

す。相対評価時代は成績下位31％の生徒がこの評定に該当しました。現在は東京都の平均でわずか15％程度しか「2」や「1」の評定の生徒はいません。さらに、「4」や「5」の評定の割合は大きく上昇しています。特に評定「5」の割合は7％から約14％へと倍増しました。

全体的に内申点の平均値が上がり、**「オール4」や「オール5」をより多くの生徒が獲得**しています。この状況を「内申インフレ」と呼んでいます。

・「内申インフレ」の功罪

相対評価を受けた世代の評定のイメージは次のようなものです。

5→優秀
4→少し優秀
3→普通
2→学力に不安あり

しかし、現在の評定のイメージは次のようになります。

5→優秀〜少し優秀
4→普通
3→学力に不安あり
2→学力にかなり不安あり

内申インフレの影響で、保護者と塾講師の間で、評定の認識に溝ができています。

内申インフレの恩恵は、上位校を目指す受験生が受けています。高い評価を得る受験生が増加したことで、難関高校を目指す動機づけとなり、より高い目標を持つ受験生が増えました。難関高校を目指す受験生にとってはプラス要素になっています。

しかし、この内申インフレは塾側にとって、必ずしも歓迎できるものではありません。学力下位層の生徒とその保護者が、危機感を抱きづらくなってしまったからです。

現行の「オール3」は、学力的には平均を下回る状況です。

ところが、保護者は相対評価時代のイメージがあるので、真ん中ぐらいの学力はあるだろうと錯覚してしまいます。中学3年生で模試を受けて、その現実を知り、慌てふためくことになります。

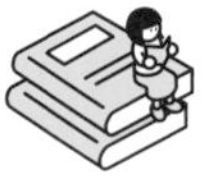

STRATEGIC
HIGH SCHOOL
ENTRANCE EXAM

「あの中学は内申が甘い!?」内申格差の正体

保護者がこんな噂話をすることがあります。

「A中学は内申点が取りづらいらしい」

「B中学は内申点が取りやすいと聞いた」

こうした内申点に関する噂のほとんどが、丹念に分析を進めると的外れであることがわかります。

実際に学校によって「内申格差」はあるようです。

次の表は、文京区立のある中学校と、都内のある市立中学校の評定の分布図です。

文京区は都内でもトップクラスの高学力エリアです。区立中学校全体の評定「5」と「4」の割合は48%にのぼります。

つまり、**ほぼ2人に1人の評定が「4」以上である**ということです。

文京区と都内市立中学の評定分布図

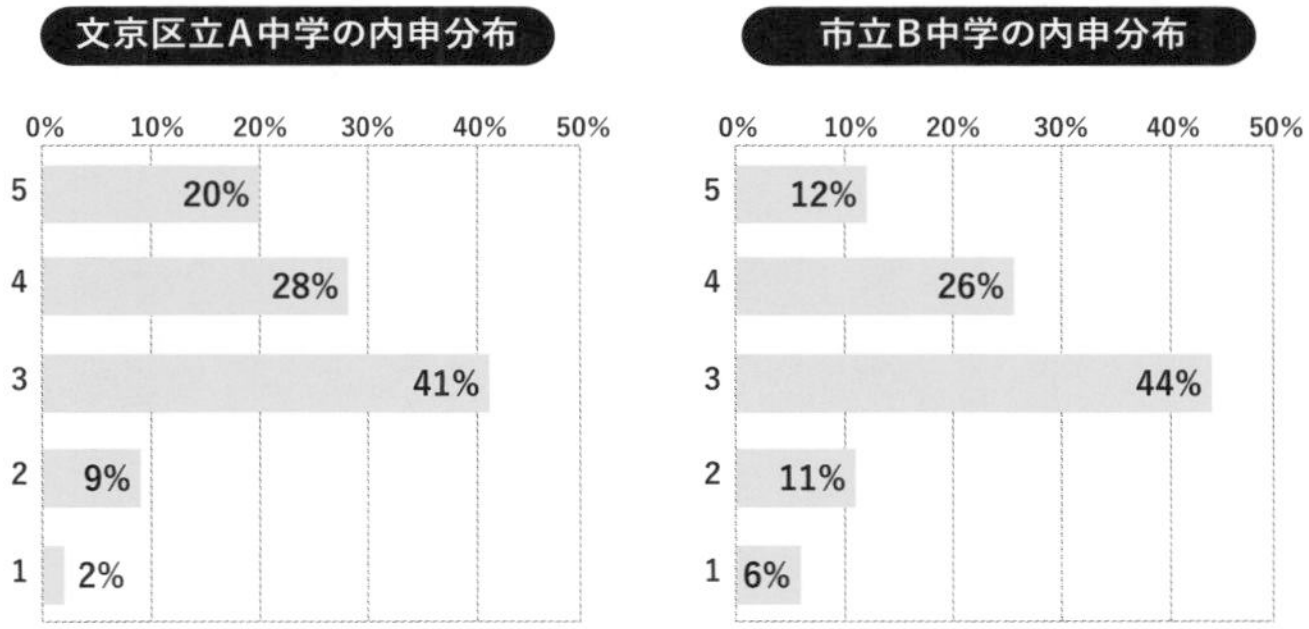

文京区立中学校は、評定が甘い先生が集まっているのでしょうか。そんなことはありません。**学力の高い生徒が多いから、評定が高くなる**のです。

学校の先生はエリアを超えて異動をします。中学校の評定は9人の先生の平均値です。特定の中学に、評定の甘い先生が集まることはありません。

評定平均の高い中学校は、内申点が取りやすいわけではありません。

学力の高い生徒が集中するエリアの中学校であるということです。内申点に関する噂話には、惑わされないようにしましょう。

半分以上が評定「5」「4」を獲得する理由

東京都内の全公立中学校の中で、英語の評定「5」の割合が最も高いある中学校があります。この学校の英語「5」の割合は34・4％。つまり、3人に1人以上が最高評価を受けているのです。これは東京都平均の2倍以上の数字になります。

この数字に不公平感を抱くかもしれませんが、実はこの中学には、帰国生の生徒が多かったという事情がありました。英語の評定が高くなるのは自然なことなのです。現在の絶対評価の制度では、このようなことが起こるのです。

都内で最も評定の平均値が高い中学校があります。この中学の評定「5」「4」の割合は57・4％で、一見、データ上では「都内で最も内申点が取りやすい中学校」ということになります。いったいなぜでしょうか。

この学校の学区は大型のファミリーマンションや、整然とした新興住宅街が広がる

「内申点が取りやすい・取りにくい」の真実

区立A中学校

区の学力調査トップ
教育熱心な家庭が多い
内申点が取りづらいという噂

実際は…
評定「5」「4」の割合…50%

区立B中学校

平均的な学力
内申点が取りやすいという噂

実際は…
評定「5」「4」の割合…36%

内申点はB中学のほうが取りやすいと聞いたわ

A中学は教育熱心で良いわよ

エリアです。

学区の推定世帯年収が特に高いというデータもあり、教育に高い関心のある家庭が集まりやすいエリアです。

中学受験率は高くなく、難関都立高校に行くルートが確立しています。

学力の高いエリアの公立中は、高い内申点が振り分けられている、これが絶対評価下の評定分布の真実なのです。

公立小学校の評定は中学校とは違う

教育熱の高い小学生の保護者からこんな不満を聞くことがあります。

「うちの子はＳＡＰＩＸのαクラスにいて、模試ではいつも高偏差値なのに、小学校の通知表では評価されない。小学校の評価はおかしい」

気持ちはとてもよくわかりますが、小学校の評価は学力偏差値とは異なる基準でつけられることを知っておく必要があるでしょう。

そもそも公立小学校には、定期テストと呼ばれるような試験がありません。

その代わり、カラーテストと呼ばれる単元ごとの確認テストがあります。このテストは、特別な勉強をしなくても容易に高得点を取れるように設計されています。テストの点数で大きな差のつく中学校とは前提が異なるのです。

また、公立小学校は担任の先生が複数の科目を担当するので、**先生の主観が評定に影響することは否定できません**。そもそも、小学校の通知表は入試利用を想定していません。

そのため、中学校と比べて、評価の客観性を担保する仕組みは乏しいと言わざるを得ません。

・公立中学校での内申点の評価基準はオープン

公立中学校は、専門科目を担当する９人の先生がそれぞれ評価をします。**算出される評定合計は９人の先生の評価の集合体になるので、評価のブレは小さくなります。**

また、公立中学校の評定は入試資料になるため、客観性を担保する仕組みがあります。

都内の公立中学校では、年度始めに評価基準の詳細資料が配布され、評価基準を全てオープンにしています。また、自治体は特異な評定の分布になっていないかのチェックをして、ウェブサイトで公開しています。

公立小学校の通知表と公立中学校の通知表は、客観性の担保という観点では「別物」と捉えたほうが良いでしょう。

STRATEGIC HIGH SCHOOL ENTRANCE EXAM

公立中学校の「内申点」を決める仕組み

公立中学校の内申点（評定）は、表面上はシンプルな5段階評価のように思えますが、その背後には詳細な評価基準が存在します。

具体的には、「知識・技能」「思考・判断・表現」「主体的に学習に取り組む態度」という三つの観点が各科目に設定されています。これらの観点は達成度に基づき、東京都ではA・B・Cの3段階で評価されます（神奈川県のように5段階で評価する自治体もあります）。

- **80％以上の達成度……………A**
- **50％以上～80％未満の達成度…B**
- **50％未満の達成度……………C**

・評定の付き方の注意点

ほとんどの中学校では、三つの観点をそれぞれ１００点満点で評価し、その合計得点（最大３００点）に基づいて5段階の評定がつきます。

・２７０点以上（90％以上）…５
・２４０点以上（80％以上）…４
・１５０点以上（50％以上）…３
・60点以上（20％以上）………２
・60点未満（20％未満）………１

評定の付き方には注意点があります。観点別評価は80％以上の達成度で「Ａ」がつきます。しかし、評定の「５」は全体の達成度90％以上が目安です。つまり、**観点別評価「ＡＡＡ」は、評定が「４」になることも「５」になることもある**ということです。

観点別評価に基づいた評定の例／観点評価と評定の関係の早見表

国　語	知識・技能	A	4
	思考・判断・表現	A	
	主体的に学習に取り込む態度	A	
社　会	知識・技能	A	5
	思考・判断・表現	A	
	主体的に学習に取り込む態度	B	

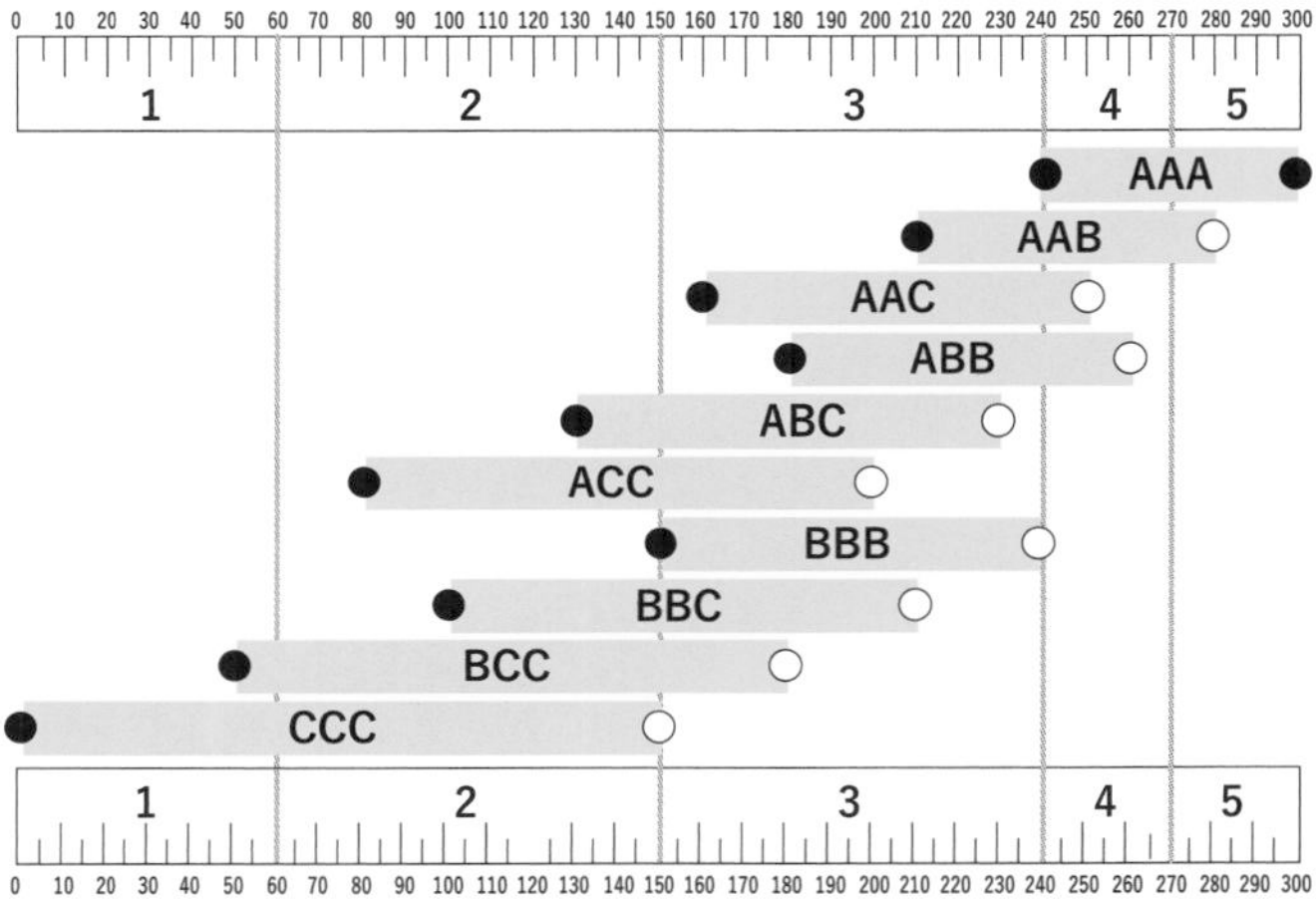

（江戸川区立篠崎中学校 令和4年度「評価・評定について」より引用）

STRATEGICALLY PREP FOR HIGH SCHOOL

定期テストは総得点よりも「観点別の得点率」が大事

各観点はどんな資料を基に評価しているのでしょうか。都内の公立中学校では、保護者向けに評価方法に関する詳細な資料が配布されます。そのうち、10校の資料を入手して分析すると、おおむね次の共通する事項が見えてきました。定期テスト、提出物、授業発表、振り返りシートが評価基準であると認識すると良いでしょう。それぞれの評価のポイントを確認しましょう。

・定期テストの総得点だけが評価基準ではない

「知識・技能」と「思考・判断・表現」の観点別評価を決める最大の評価資料が定期テストです。保護者や生徒、塾の先生は、定期テストの総得点だけに目を向けがちです。

ところが、これは正しい見方ではありません。なぜなら、**学校の先生は総得点ではなく、**

観点別の得点率で評価を決めているからです。たとえば、知識問題が70点分、思考問題が30点分の定期テストで考えてみましょう。

次ページの得点例を見てください。得点例①は、総得点だけで判断すると90％の到達度に見えます。しかし、**見るべき箇所は観点別評価です**。得点例①では、知識・技能は70点中の70点で１００％の到達度です。しかし、思考・判断・表現は30点中の20点で67％の到達度にとどまります。両方を均等評価すると84％の到達度ですから、評定は「4」相当ということになります。

次に得点例②を見てください。総得点だけで判断すると88％の到達度ですから、得点例①よりも劣っているように見えます。しかし観点別評価で判断すると、知識・技能の到達度は70点中の58点で83％、思考・判断・表現の到達度は30点中の30点で１００％です。両方を均等評価すると92％です。評定は「5」相当ということになります。

このような評価基準に基づいて機械的に判断されていることを知らない塾の先生も多いのが現状です。90点なのに評定が「4」ということもあるのです。

得点例①のような生徒にプロの塾の先生がするべきことは、「次回は思考問題で得点が取れるように、記述問題に力を入れて対策しよう」という冷静な分析とアドバイスです。

定期テストでは「観点別評価」が重要

観点	評価資料
知識・技能	定期テスト 小テスト
思考・判断・表現	
主体的に学習に取り組む態度	提出物 振り返りシートやワークシート 授業発表 定期テスト

定期テストの得点例①

知識・技能	思考・判断・表現	総得点
70/70	20/30	90/100

定期テストの得点例②

知識・技能	思考・判断・表現	総得点
58/70	30/30	88/100

STRATEGIC
HIGH SCHOOL
ENTRANCE EXAM

「授業中の態度」や「挙手回数」は評価から消滅した

以前は「関心・意欲・態度」と呼ばれていた観点は、2021年から「主体的に学習に取り組む態度」に変更されています。この観点は、旧観点と比べて評価ポイントに大きな変化があります。詳しく見てみましょう。

旧観点「関心・意欲・態度」では、授業中の態度、挙手の回数、ノート提出が評価対象でした。この観点が見直された理由を、都内の市立C中学校の令和3年度の「学校だより」ではこう説明しています。

> 従来の「関心・意欲・態度」の評価では、文部省・文部科学省の趣旨と異なる評価を行うことが教育現場では少なくありませんでした。例えば「手を挙げた回数やノートの取り方などの形式的な活動」や、提出物を出したかどうか、出せば加点、出さなければ相対的に減点扱いになる、と言うようなことを少なからず評価していました。

文部科学省は、旧観点「関心・意欲・態度」の反省を踏まえて、新観点においては**挙手の回数や、表面的なノートのきれいさ等、性格や行動面の一時的な傾向で評価することは適切ではない**としています。

・挙手をする機会が減っている事実

私は都内の公立中学校の授業をよく見学していますが、昔と比べて挙手をする機会が大きく減っています。

先生は生徒全員に発言や発表の機会を与えるなどして、手を挙げられない性格の生徒が評価に影響しないように工夫するようになったことがわかります。

また、昔は一部の先生が行っていた「頬杖をついたら減点」「居眠りをしたら減点」のような**教科と関係ない「授業態度評価」は消滅しました**。

STRATEGICALLY PREP FOR HIGH SCHOOL

新観点は振り返りシートや発表活動を評価

それでは「主体的に学習に取り組む態度」ではどのようなものが評価されるのでしょうか。東京都内の公立中学校で公表されている評価基準を分析すると、次の四つに集約されます。

☑（問題集やレポートなどの）提出物
☑ 振り返りシート（自己評価シート、ワークシートなど）
☑ 発表活動
☑ 定期テスト

一つ目は**提出物**です。**提出物を期限内に出すことが大切**です。これは旧観点から変わりません。

二つ目は**振り返りシート**です。学校によっては自己評価シートなどとも呼ばれます。授業の終わりに生徒が「何を学んだのか」や「新しい発見や疑問点」を簡単に記述します。

振り返りシートによって、生徒がその授業を受けて何を学んだのかが可視化されます。**先生側はこのシートの記述を見て、普段の授業への参加具合を確認します**。国語のような授業では、ワークシートといって、授業の終わりではなく、授業中に考えた思考を書きながら進める形式の場合もあります。

三つ目は**発表活動**です。文部科学省のGIGAスクール構想に基づき、すべての公立中学校で1人1台のタブレット端末が配布されています。品川区立の中学校を授業見学した際は、全員がタブレット端末を自由自在に操り、探究活動の一環としてプレゼンの準備をしていました。タブレット端末によるプレゼン資料の作成と発表は、今や公立中学校では当たり前の光景です。

発表活動は、英語ではパフォーマンステストという形式を取ります。東京都教育委員会が示した英語のパフォーマンステストの題材例はこのようなものです。

・中1……自己紹介
・中2……電話のやりとり、および東京の見どころ紹介

・中3……日本文化紹介

四つ目は**定期テスト**です。旧観点では、定期テストが高得点であっても、「関心・意欲・態度」が低評価を受けることがありました。これに対して「定期テストの点数が高い生徒は教科への関心や意欲は高いはずで、低評価を受けるのはおかしいのではないか」との指摘があり、改められました。新観点においては、**定期テストや小テストの結果も「主体的に学習に取り組む態度」の評価基準に取り入れられています。つまり、定期テストの点数との連動性が増した**ということです。

・体育は「足の速い順」に評定がつくわけではない

「運動が得意でないと、体育で内申点を取るのに苦労するのではないか」といった声を聞くことがあります。音楽、美術、技術・家庭、保健体育といった実技科目の評価については、多くの保護者が誤った認識を持っているように思います。

区立D中学校は令和3年度の「学校だより」で、昔は評定の付け方が相対評価であったことを、体育を例にあげて振り返りました。

体育の長距離の単元を例にすると、かつては、１５００ｍのタイム順に7％が5、24％が4、38％が3…というように割合が決まっている〝相対評価〟でした。

昔の体育は１５００ｍのタイムの「結果」のいい順に評価を下す「相対評価」が主流でした。クラス全体の中での運動能力の序列が評定に大きく影響していたことを意味します。しかし、現在は「絶対評価」が主流となりました。生徒一人ひとりの努力や成長が評価の中心となっています。つまり、**運動が得意ではない子でも、授業に真剣に取り組み、自分自身の成長を実感できれば、その努力は評価される**のです。

実技科目では、知識を問うペーパーテストも行われます。実技が得意ではない生徒は、ペーパーテストで巻き返すことも可能です。

運動が不得意でも、芸術センスに乏しくても、正当な努力をすることで「4」は獲得可能です。公立トップ校であっても実技科目はそれで十分です。都立トップ校は、運動が不得意な子もたくさん入学しています。

STRATEGIC
HIGH SCHOOL
ENTRANCE EXAM

評定の疑問点は担当の先生にきちんと相談する

公立中学校の評定は、公立小学校と比較して透明性が高く、事前配布の評価基準に基づき、それぞれの観点の点数から機械的に算出しています。それでも、評定に対する疑問や不明点が生じるのは自然なことです。

納得いかない評定がある場合、学校の先生に相談してみましょう。ただし、その際には次の2つの注意点を押さえておくことが大切です。

①即座に質問するのではなく、正式な面談の形で相談する。

②感情的にならず、どのようにすれば評定を上げることができるのかを相談する。

・評定発表当日より後日面談が得策

中学校の先生は、評定の根拠となる詳細な資料を保有しています。一部の先生は評定が発表された当日に質問を行うことを推奨していますが、私は、**後日の面談にしたほうが良い**と思っています。通常、学校の先生は１００人以上の生徒を担当していて、すべての生徒の評定の詳細な根拠を即座に答えることは難しいからです。

後日の面談を申し込むことで、先生も事前に評価の根拠を確認し、適切なフィードバックを提供してくれるでしょう。不安であれば、保護者も交えた三者面談を申し入れてもいいでしょう。

感情的に問い詰めることは避け、質問は前向きなものにしましょう。**「なぜ5にならなかったのか」という問いかけよりも、「どうすれば5を取ることができるのか」に焦点を当て**、建設的なフィードバックを得ることを心がけると良いでしょう。

合唱コンクールで指揮者をしても内申点には関係ない

都立高校入試について、次のような噂を聞いたことがないでしょうか。

- □部活動に入らないと内申点に響く。
- □部活動を途中で辞めると内申点に響く。
- □部長などの役職に就くと内申点に加点される。
- □部活動実績があるとボーダーで優遇される。
- □生徒会の役員になると内申点が加点される。
- □遅刻回数や欠席日数が多いと入試で不利な扱いを受ける。
- □体育祭のリレーで1位を取ると体育の内申点が上がる。
- □合唱コンクールで指揮者をすると音楽の内申点が上がる。
- □部活動顧問の先生が担当する科目の内申点は上がりやすい。

答え合わせをすると、「すべて間違った情報」です。**帰宅部が入試で不利になることは決してありませんし、部活動を辞めても何も問題はありません。**生徒会活動や部活動実績が都立高校の一般入試で加点されることもなく、体育祭や合唱コンクールの行事結果が内申点に関わることもありません。**遅刻回数や欠席日数すら、都立高校入試では合否選考に影響を与えません。**

保護者同士の話では往々にして間違った入試情報が共有されます。過去の都立高校入試において、合格か不合格かのボーダーライン上にいる場合、右のような特記事項で評価されるという時代はありました。その名残で都市伝説的に残ってしまっているのかもしれません。

・東京の高校受験の「常識」、他県では「非常識」

公立高校の入試制度は都道府県によって様子が異なります。文部科学省の「令和４年度高等学校入学者選抜の改善等に関する状況調査（公立高等学校）」によると、入学選抜で、学校内外のスポーツ活動、文化活動、社会活動、ボランティア活動等に関する記録を一切使用しないのは次の都道府県です。

福島県、東京都、神奈川県、新潟県、石川県、熊本県、大分県、沖縄県

これらの都道府県以外では、部活動の実績や生徒会活動は加点対象になる場合があります。

たとえば、埼玉県では、生徒会の役職が「特別活動」として入試で加点されることがあります。大阪府では、英検の取得級によって大幅な優遇措置があります。東京で「常識」とされている内申書の取り扱いが、他県では「非常識」になることがあります。

公立高校入試は究極のローカル戦です。情報収集はどの都道府県の話なのかを意識して行いましょう。他県出身の保護者は、自分の地域の高校受験とは「常識」がまるで違うことがあると知っておきましょう。

STRATEGIC
HIGH SCHOOL
ENTRANCE EXAM

私立高校の加点対策は「検定取得」が有効

評定と学力検査で決まる都立高校の一般入試とは違い、**私立高校は入試形態によっては内申点に加点項目があります**。私立高校は第一志望の場合に受ける推薦入試や、すべり止めの確保に利用する併願優遇で、次のような加点項目を設けている学校が多く見られます。

☑ 英検、漢検、数検の取得級
☑ 生徒会活動経験
☑ スポーツや文化活動の顕著な実績

この中で、**全員が目指すべき加点項目は各種検定です**。英検、漢検、数検の取得は、単なる加点対象としてだけでなく、高校進学後を見越した力につながるので、積極的に取得しましょう。それぞれの検定には特徴がありますので、簡単に説明します。

◆英検（**実用英語技能検定**）

加点対象とする高校が一番多く、ほとんどの中学生が挑戦する検定です。英語が苦手な中学生は3級を、進学校志望者は準2級を、都立トップ校志望者は2級を目指しましょう。都立トップ校のレベルになると、中学生のうちに準1級や1級の取得者もいます。**英検は大学入試でも活用されるため、高校入試対策と同時に大学入試対策ともなります**。

◆漢検（**日本漢字能力検定**）

英検に次ぐ人気を誇ります。独学が容易で、学年の枠を超えて学習を進めやすいことが特徴です。**語彙力が増え、国語力の向上にも役立ちます**。英検や数検と比べると加点対象の高校は少なくなります。

◆数検（**実用数学技能検定**）

中学数学を先取りしている生徒や、将来理系大学進学を視野に入れている生徒におすすめです。特に公立・都立トップ校志望者は、中学3年生までに高校数学ⅠAまで学習し終え、数検準2級（高校1年生相当）を取得することで、**数学の進度で中高一貫校に追い**

つきます。どのみち、難関高校受験では高校数学ⅠＡの範囲に半分程度踏み込み、学習する必要があります。難関高校受験者が準2級相当の勉強をしておくことには大きな意義があると言えます。

高校入試は、検定の取得で受験を有利に進めることができるので、中学入試よりも「検定取得」のモチベーションが高いことが特徴です。検定に関しては、堂々と「高校受験を有利に進めることができる」と子どもに伝えても構いません。小学生のうちから積極的に検定にチャレンジして、加点を獲得し、高校受験に向けた土台を作りましょう。

・加点のために生徒会活動をするのはあり？

生徒会活動は、リーダーシップやコミュニケーションスキル、チームワークの向上など、多くの価値ある経験をもたらします。しかし、**これらの活動を高校入試の加点を目的として選ぶことは、慎重な検討が必要**です。

都立高校の一般入試は、生徒会活動は一切評価の対象とはなりません。私立高校の一部には、推薦入試や併願優遇において生徒会役員経験者を加点対象とすることがあります。

しかしこの加点が、責任の重さや学習との両立の難しさを考慮した場合、その価値はどれほどあるのでしょうか。

生徒会役員は、生徒と先生の間を取りもつ「中間管理職」のような立場です。学校行事の企画や運営、生徒と先生のコミュニケーションの橋渡しなど、多くの責任と仕事を抱えます。地域行事や生徒総会の準備で忙しい生徒会役員は、塾の授業にも遅れがちで、宿題も滞ることがあります。また、立候補には精神的なプレッシャーも伴い、落選のダメージも無視できません。

これだけの重圧や仕事量に対して、私立高校の加点はせいぜい「+1」程度です。**生徒会活動を加点目的で検討しているとしたら、非効率かもしれません**。本当にその活動に参加したいという動機がある場合のみ、立候補するべきでしょう。

それでも、子どもが生徒会役員への立候補を決意したなら、それは素晴らしいことです。その勇敢な挑戦を心から応援し、温かく見守ってあげましょう。

STRATEGICALLY PREP FOR HIGH SCHOOL

保護者の「内申書のために」という発言は禁句

私は生徒が授業中に頬杖をついていたら正します。

生徒会に立候補する生徒は応援しますし、部活動も興味のあるものがあるなら入ったほうがいいと思います。

それは決して、内申書のためではありません。人として当たり前のことを身につけるため、あるいは人生の経験値を高めるためです。

保護者や塾の先生の中には、子どもに内申書を意識させようとする人もいます。これは、高校受験においては、やめたほうがいいでしょう。

・「内申書のために」という発言をしない

そもそも子どもにとって、内申書を意識した中学校生活は、楽しいでしょうか。

生徒会活動は「内申書」のためにやるものではない

NG例

**内申書に有利だから、
生徒会に立候補してみたら?**

模範例

**リーダーシップを発揮したり、
貴重な体験ができるから、
生徒会に立候補してみたら?**

内申書を過剰に子どもに意識させるのは、あまりいいことではありません。私がはっきりと「内申書の加点に有利だから」と生徒に推奨するのは検定ぐらいです。

内申を意識することで、内申が上がるのではありません。**当たり前のことを積み重ねた結果として、内申がついてくる**のです。

「内申書のため」という言葉を中学生に安易に使うことはやめましょう。

これはぜひ、親御さんにお伝えしたいことです。

子どもには「内申書のため」ではなく、次のように、大人になってからも役立つ「意義」を伝えましょう。

なぜ提出物を期限内に出すのか？↓大学や社会に出たときに困らないようにするため
（期限を守れない人は信頼を失う！）

なぜ生徒会に立候補するのか？↓リーダーシップ、プレゼン力、企画力、コミュニケーション能力を身につけるため

なぜ定期テストの勉強をするのか？↓大人として必要な知識や教養を身につけるため

なぜ部活動に入るのか？↓自分の強みや特技を磨くため

なぜ授業中におしゃべりをしないのか？↓他人の学ぶ権利を奪うことになるため

Question：教えて！ 先生

［中学受験に失敗してしまいました。どうフォローすればいいですか。また、公立中学に入ってからの勉強は、どうしたらいいのでしょうか。］

勉強はずっと続きます。中学受験の勉強を活かして!!

中学受験を経験した子どもは、本番の試験にも、メンタル的にも強い子が多い印象があります。何よりも、中学受験で培った純粋な学力と、学習習慣があります。それを活かすことで、高校受験の際には、中学受験では手が届かなかったような難関校にも手が届くようになります。一方で、失敗した場合には自信をなくし、自己肯定感が下がってしまうことも。子どもの自信を取り戻すために、メンタル面のフォローをしてあげることも大切ですが、もっと重要なのは中学受験「前」の声かけです。たとえば「地元の公立中なら小学校の友達とずっと遊べるね」とか「公立中だと給食があるからとても助かるよ」など、不合格でも前向きに地元公立中に入学できるように、「地元の公立中の良さ」を伝えておくのです。中学受験に失敗しても、勉強はずっと続きます。前向きに取り組めるようにしてあげたいですね。

第5章

偏差値だけじゃない!令和の都立高校のリアル

「結局、偏差値の高い学校がいい学校でしょ…」
学校を偏差値だけで語るのは、
もう古いかもしれません。
「国際交流したい」「大好きなことだけをしたい」
「大学まで学費無償」など、
多種多様な選択ができる都立高校の魅力を紹介します。

STRATEGICALLY
PREP FOR
HIGH SCHOOL

東京都が指定する「進学指導重点校」

都立高校の入り口の話をしましょう。２０２４年現在、都立高校は学区制が廃止され、専門学科や定時制を含むすべての学校から自由に選ぶことができます。その中でも「進学校」に分類される都立高校を、東京都がいくつか指定校としています。**進学指導重点校**は、東京都が学校の特色作りの一環として指定した、日本のリーダーを育成する7校です。それに次ぐ7校を**進学指導特別推進校**、15校を**進学指導推進校**に指定しています。

これとは別に、塾の先生や受験業界が作り出した都立トップ校、2番手、3番手…という分類があります。こちらの分類のほうがよりリアルに都立高校の入学難易度のランクを表しているように思います。本書ではこちらを採用して説明をしていきます。

・都立トップ校は中学受験の「本郷・芝・鷗友学園」レベル

都立高校の入学難易度ランク

都立トップ校	★日比谷 ★西　★国立　●国際IB
2番手系都立	★戸山　★青山　★立川 ★八王子東　●新宿　●国分寺　●国際
3番手系都立	●小山台　●小松川　■武蔵野北　■小金井北　■調布北 ●駒場　■三田　■竹早　■城東　■豊多摩 ●町田　■北園　■日野台　■多摩科学技術　■昭和 ■上野　目黒　文京　狛江
中堅系都立	■江戸川　井草　石神井　東大和南　神代　小平　調布南 広尾　豊島　■墨田川　深川　雪谷　科学技術　小平南　清瀬　成瀬　府中 ■江北　田園調布　東　武蔵丘　翔陽　芦花　保谷　松が丘 本所　小岩　杉並　晴海総合　鷺宮　東大和　など

★…進学指導重点校　●…進学指導特別推進校
■…進学指導推進校　下線…自校作成校

「都立トップ校は中学受験の御三家よりも難しい」という噂が流れることがあります。ある中学受験の塾ではそのように説明され、中学受験がお得であると勧誘されたそうです。真偽はともかく、都立高校を中学受験に当てはめるとどれくらいの難易度なのでしょうか。

中学受験と高校受験では母集団が異なるため、厳密に両者を比較することは不可能でしょう。しかし、大学附属校の偏差値を見比べることで、一定の信ぴょう性のある比較をすることはできると考えています。大学附属校は、その大学のブランド力で偏差値が確定するため、中学受験と高校受験で同じくらいの難易度になるからです。

さまざまな「偏差値」が出回っていますが、ここでは母集団の学力層が似ているため、中学受験、高校受験でともにトップランナーが集まるSAPIXの偏差値を用います。

◆SAPIX小学部とSAPIX中学部の偏差値比較

【SAPIXの偏差値】

	中学受験	高校受験
明治大学付属明治	55	54
中央大学附属	47	49
青山学院中等部高等部	51	53
法政大学	47	44

4校の中学受験と高校受験の偏差値が、おおむね似たような数字で収まっていることがわかります。SAPIXは小学部と中学部で運営元が異なりますが、通っている学力層は似ているようです。

SAPIXの元教務部長の先生にも話を伺いました。先生のイメージでは、小学部の偏差値50が、中学部では真ん中より少し上ぐらいの位置に当たるとのこと。

中学受験と高校受験で上位校の難易度を比べるには次の指標でイメージすると良いです。

中学受験ＳＡＰＩＸ偏差値＋２　＝　高校受験ＳＡＰＩＸ偏差値

次に、ＳＡＰＩＸ偏差値で、中学受験の御三家と高校受験の都立トップ校を比べます。

◆中学受験御三家と高校受験都立トップ校の偏差値比較

・【中学受験　男子御三家】　開成 **68**　麻布 **61**　武蔵 **61**
・【中学受験　女子御三家】　桜蔭 **62**　女子学院 **61**　雙葉 **59**
・【高校受験都立トップ校】　日比谷 **56**　西 **54**　国立 **52**

中学受験の御三家のほうが、高校受験の都立トップ校よりも難しいことがわかります。**御三家に合格できる潜在能力を持つ生徒は、高校受験に回れば日比谷高校に余裕で合格できる可能性が高い**でしょう。

都立トップ校は難関校ですが、中学受験と比べれば競争は緩やかです。ＳＡＰＩＸ偏差値から類推するに、都立トップ校の難しさは、中学受験でいう男子の本郷中学、芝中学、女子の鷗友学園中学と同程度であると考えるといいでしょう。

もしも中学受験でＳＡＰＩＸ偏差値50の子が高校受験に回ってきた場合、高校受験では都立トップ校が現実的な目標校になります。

都立高校の進学校の難易度を中学受験偏差値に換算するとおおむね次のようになります。

☑都立トップ校：【SAPIX偏差値】50　【四谷大塚・日能研】58

☑2番手系都立：【SAPIX偏差値】45　【四谷大塚・日能研】54

☑3番手系都立：【SAPIX偏差値】35　【四谷大塚・日能研】45

四谷大塚の「合不合判定テスト」や日能研の「全国公開模試」で偏差値50を取れている子が高校受験に回ると、立川高校や青山高校などの2番手系の自校作成校が現実的な目標校となるでしょう。

3番手系の都立高校は、大学進学先の平均がMARCHです。四谷大塚の「合不合判定テスト」や日能研の「全国公開模試」で偏差値40半ばの学力層は、英語が鍛えられる高校受験に回ったほうが、英語力重視に舵を切る有名私大進学の可能性を高められる可能性があります。

何人かの高校受験の先生に確認を試みましたが、私も含めて、これは「高校受験の現場感覚とほぼ一致している」という意見でした。参考にしてみてください。

STRATEGIC HIGH SCHOOL ENTRANCE EXAM

都立高校の一般入試合格は3パターン

都立高校の一般入試は、学力検査と内申点（調査書点）の比率が７：３になっています。

したがって、**都立高校受験は学力検査と内申点のバランスゲーム**であるという意識を持っておきましょう。３番手系の都立高校を例に挙げて、都立高校の三つの合格パターンを考えてみます。２１１ページの図を見てください。

Ａさんは「内申先行型」です。日々の中学校での努力の積み上げで得た内申点を武器に合格を勝ち取ります。

Ｂさんは「バランス型」です。中学準拠ルートの生徒が目指すべき最もスタンダードな合格パターンです。

Ｃさんは「得点先行型」です。内申点よりも当日の学力検査の得点に自信がある子が目指す合格パターンです。

「内申先行型」や「得点先行型」を目指す生徒は、受験ガイドの合格基準に惑わされない

ようにしましょう。塾の先生ですらミスリードしていることがあります。どのパターンでの合格を目指すのかによって、基準が変動するのだということを理解しておかなければなりません。

・2番手系以上の都立高校は独自の入試問題を作成している

公立高校は、原則としてすべての学校が同じ学力検査問題を使用するのが通常です。しかし、トップクラスの高難度の学校では、受験生の間でほぼ満点を競うような状況となり、生徒たちの真の学力を正確に評価するのが困難となります。

この問題に対処するため、都立高校の主に2番手系以上の都立高校グループ（厳密には進学指導重点校7校＋国際高校＋進学重視型単位制3校）は、独自の高難度の入試問題を課しています。これを**自校作成問題**と呼びます。

実施校は国語、数学、英語の3科目において独自の問題を作成しています。理科と社会は都立高校全体で共通の問題を使用します。ただし、国際高校は英語のみが自校作成問題となっています。

日比谷高校の令和4年の受験者の平均点を取り上げると次のようになります。

都立高校の一般入試の合格パターンは3つ

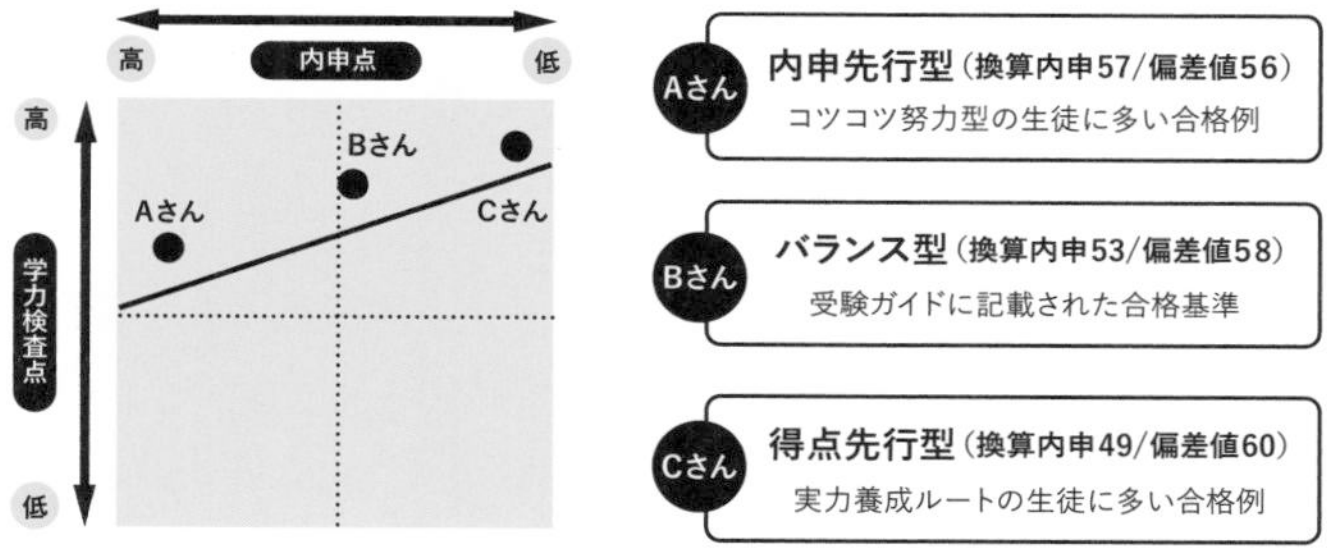

国語　69・8点　数学　64・6点
英語　65・3点　社会　81・5点
理科　90・7点

共通問題の理科と社会は高得点ですが、自校作成問題の国語、数学、英語は平均点が6割台です。昔と比べて、得点力で巻き返せる可能性が高まりました。日比谷高校の一般入試倍率は2・0倍未満ですから、受験者平均点を上回れば合格ラインに乗ります。2番手系以上の自校作成校を目標校にすると、共通問題の理科や社会で9割を、自校作成問題である国語、数学、英語は6～7割を目指すと良いでしょう。

オール4以下での自校作成校の合格

2番手系以上の自校作成校は「オール4」（換算内申52）以上の内申点を目標にしたいところです。自校作成校の受験生にとって、これは高いハードルではありません。

都市伝説的に「オール5が当たり前」という噂が流れていますが、それは推薦入試の話であって、一般入試はそこまで必要ではありません。オール4未満の内申点で合格をした受験生が、開示得点資料を提供してくれました。一部を紹介しましょう（次ページの表）。目の飛び出るような高得点を取っているわけではないことがわかります。内申点は高いに越したことはありませんが、昔と比べれば筆記試験で挽回するチャンスが増えたのです。

・都立自校作成校は「得意科目ブースト」が強い

都立の自校作成校入試は、英語、数学、国語のいずれか1科目で強さを武器にする、い

オール4未満の内申点で合格をした受験生の開示得点

	合格校	換算内申	国語	数学	英語	社会	理科	合計
Aさん	日比谷	換算51	60	72	64	90	96	382
Bさん	国立	換算45	56	78	72	95	92	393
Cさん	戸山	換算51	70	57	72	100	92	391
Dさん	八王子東	換算43	67	77	62	60	94	360
Eさん	新宿	換算47	74	72	61	75	84	366

得意科目を武器にできた「得意科目ブースト」合格例

	合格校	国語	数学	英語	社会	理科	合格点
Fさん	戸山	57	43	**81**	83	92	356
Gさん	国立	56	**95**	72	78	92	393

わゆる「得意科目ブースト」が威力を発揮します。上の表の下段は得意科目ブーストが効いた合格例です。

戸山高校に合格したFさんは英語の得点が高く、数学の不出来をカバーしています。国立高校に合格したGさんは、数学が大得意で、受験者平均＋30点を取りました。

一般に公立高校入試は、全科目でのバランスが取れている受験生が有利であるといわれています。しかし、**都立の自校作成校は特定の科目での得点力が際立っている受験生にもチャンスがあります。**

英語が得意な帰国生が都立自校作成校に受かりやすいのもそれが理由です。

STRATEGIC HIGH SCHOOL ENTRANCE EXAM

3番手系は共通問題8割以上の得点率が目標

自校作成校を目指さない中学生は、共通問題で5科目8割、500点満点で400点以上の得点を目指しましょう。

この点数は公立中学校の学習内容が定着した目安となります。共通問題で400点を取れたら「公立中学校の勉強がきちんと身についている」という証明になるでしょう。

自校作成問題とは打って変わり、共通問題は基本問題を中心としたオーソドックスな出題がなされます。学習は中学準拠ルートがスタンダードですから、難問の対策に悩む必要はありません。通信講座を中心とした学習でも対応できます。

共通問題の5科目400点を超えると見えてくるのが、3番手系の都立高校です。

後の項目で詳しく解説しますが、**大学受験でMARCHに進学しようとすると、この3番手系の都立高校ルートが最強**です。MARCHの現役進学率が全国一(付属・系属校を除く)の学校も3番手系の都立高校です。

中学準拠型の大手塾は、この3番手系の都立高校の進学がボリュームゾーンです。定期テスト対策に力を入れる大手進学塾で「真ん中」くらいの成績を維持すると、3番手系の都立高校が視野に入るものと考えてください。

高校受験の優位性が際立つゾーンですが、その分、理科や社会も含めた5科目をバランスよく勉強することが求められるといえます。

・都立高校の模試はビックリの判定精度の高さ

中学受験と比べた都立高校受験の優れた点の一つが模試の精度です。今、この原稿を書いているのはちょうど2月上旬です。中学受験を終えたばかりの保護者から「模試の偏差値が当てにならなかった」という嘆きがあちらこちらから聞こえてきます。

学校間の出題傾向の差が大きい私立中学は、模試の偏差値では正確な合否予測ができません。私のもとには、「模試の偏差値よりもずっと下の中学にしか合格できなかった」という相談がいくつも寄せられています。

都立高校受験は、このような中学受験の不透明さとは無縁です。

都立高校の模試の結果と合否の割合

都立トップ校

	受験者	合格者	不合格者	合格率
A判定以上	57	57	0	100%
B判定	69	60	9	87%
C判定	33	13	20	39%
D判定以下	32	0	32	0%

3番手系都立高校

	受験者	合格者	不合格者	合格率
A判定以上	56	56	0	100%
B判定	70	56	14	80%
C判定	30	10	20	33%
D判定以下	17	0	17	0%

学校間の出題傾向や選考基準の差が小さいため、模試の合否判定がそのまま本番の結果になります。都立高校の模試はVもぎ（主催：進学研究会）が最大のものです。追跡データから模試の精度を見てみましょう。

A判定以上の受験生の合格率の高さにご注目ください。**全受験生の約3分の1が、ほぼ合格可能性100%の状態で受験をしています。**B判定以上も含めると、受験生の大半が、高い合格率が約束された状態で受験をしています。

これが私立中学受験になると、A判定以上（80%ライン相当）に達していても、およそ5人に1人は不合格になります。結果が模試の判定通りにならない「波乱」が起こるのです。

精度が高いゆえに厳しいデータも浮き彫りになります。

D判定以下は受けてもほぼ全滅です。都立高校の倍率は1倍台ですから、D判定であっても「チャンスがあるのでは」と思えてくるものです。しかし、「番狂わせ」のほとんど起こらない都立高校入試では、模試の判定通り、「全滅」という結果になってしまうのです。

都立高校受験は、模試の判定さえ見誤らずに受験校を選定すれば、不合格を高い確率で回避することができる、盤石の態勢で臨む試合です。

中学受験と比べて高校受験は第一志望の合格率が高く、最後に「笑顔」で終わることができる可能性が高いのは、模試の精度の高さに支えられています。

STRATEGICALLY
PREP FOR
HIGH SCHOOL

日本最強の留学制度「次世代リーダー育成道場」の活用

普通の経済力の家庭が子どもに長期留学を望む場合、私立中高一貫校ルートを回避して、都立高校受験ルートを目指すのが「正解」です。

都立高校生向けの数ある手厚いプログラムの中で、私が一番皆さんに知っていただきたい「次世代リーダー育成道場」を紹介します。日本一の海外長期留学の誉れ高いこの制度は、プログラムの優れた内容と、圧倒的なコストパフォーマンスが特徴です。

プログラムの参加者は事前研修で、語学スキル、プレゼンテーション、ディスカッション、留学先での調査・研究課題を作成したのち、約1年間の海外留学にチャレンジします。オーストラリアまたはニュージーランドに留学するＡコース、アメリカ合衆国またはカナダに留学するＢコースに分かれ、現地校への通学、ホームステイ、ゼミナール研究などのさまざまなプログラムに取り組みます。

総費用はなんと80万円。収入状況に応じて、減額や全額免除もあります。

同様のプログラムを私立中高一貫校で受けるといくらになるのか調べてみました。
ある都内私立女子校のパンフレットによると、学校斡旋の長期留学費用は北米コースで1000万円です。円安で費用が増大しており、私費で北米留学をしようとすると莫大な費用がかかります。

次世代リーダー育成道場の参加者に話を聞いたところ、選考は小論文、面接、英語。進学校の生徒だけでなく、さまざまなタイプの都立高校からの参加者がいます。事前研修や留学中のオンライン面談、保護者への報告など、サポート体制も整っていて安心。留学先で出会った私立中高一貫校の生徒が高額な費用を支払っていることを知り、都立高校生であることのメリットを再認識する瞬間があったそうです。

開成高校や筑波大学附属駒場高校に合格しながら日比谷高校や西高校へ進学する理由の一つが「次世代リーダー育成道場」です。**普通の経済力の家庭が長期留学＋東大や医学部進学をダブルで実現しようとすると、都立トップ校に勝るルートは国内に存在しません。**

・次世代リーダー育成道場への参加を目指すモデルルート

次世代リーダー育成道場の応募倍率は高くありません。2019〜2022年度は倍率

1・2～1・5倍台で推移しています。中堅系の都立高校からもたくさんの生徒が参加しています。**大切なのは「熱意」と「英語力」です**。次世代リーダー育成道場で求められる英語力はCEFRでB1相当以上、英検に置き換えれば、2級の上位合格相当になります。

次世代リーダー育成道場への参加を目指すなら、中学生のうちに英検準2級を取得し、高校2年生までに英検2級以上の英語力を身につけると良いでしょう。進学指導重点校レベルの生徒なら普通にしていれば余裕で達しますが、偏差値50前後の中堅校クラスの生徒は、中学時代にどれだけ英語に力を入れたかがカギになります。**中学受験をしない場合は、その余裕を英語学習に集中するのが良いでしょう**。

学業成績が不振ではないことも大切です。国際高校にギリギリ進学するよりも井草高校がいいですし、三田高校にギリギリ進学するよりも深川高校の外国語コースが有利です。

魅力ある次世代リーダー育成道場ですが、高校間で取り組みに温度差を感じることがあります。

ある高校の個別説明会で尋ねたところ、渋い顔をされたという残念な話もあります。次世代リーダー育成道場を活用したい場合、偏差値で選ぶのではなく、**制度利用にポジティブな学校を選ぶようにしましょう**。

次世代リーダー育成道場の参加者数の高校別ランキング

独自ルートで入手した、過去3年間（第10～第12期生）の参加者数のランキングです（都立中高一貫校除く）。次世代リーダー育成道場の参加に熱心な学校が浮き彫りになります。こうして見てみると、国際高校や進学指導重点校以外でも、意外な高校がランクインしています。

小平高校は次世代リーダー育成道場の隠れた名門です。外国語コースがあることから、学校全体で海外留学に力を入れていて、学校独自の海外語学研修もあります。千早高校は中堅校の穴場校です。英語多読教育で有名な学校で、約1万6000冊の洋書を所蔵します。海外大学と連携した特別な指定校推薦制度もあります。

1位	国際
2位	小平、西
3位	井草
4位	三田
5位	戸山、新宿
6位	日比谷、狛江、小山台
7位	小松川、豊多摩
8位	北園、深川、小笠原、立川、町田、国立
9位	竹早
10位	神代、杉並、八王子東
11位	豊島、田園調布、松が谷、工芸、千早、青山

STRATEGIC HIGH SCHOOL ENTRANCE EXAM

都立高校の出口の変化

2024年度、都立高校のエース校である日比谷高校は東京大学に60人(現役52人)が合格しました。都内の中高一貫校でこれを上回る現役合格を輩出するのは、開成、筑波大学附属駒場の2校だけ(2校とも高校募集あり)です。

都立高校では、西や国立、戸山も2ケタの合格が出ています。「中学受験をしないと東大には届かない」と言われていた状況は変わりつつあります。

東大合格者数のランキングばかりが注目されますが、東京外国語大、東京農工大、東京都立大、東京海洋大、電気通信大、東京工業大、一橋大といった首都圏の国公立大学は、高校受験ルートが主流です。

次ページの表をご覧ください。国公立大学への進学率は中高一貫校と比べても遜色ありません。特に理系ルートは学費の負担が大変重いため、国公立大学を望む家庭が多いようです。私の教え子の理系生も、たいていは国公立大学にこだわって受験しています。

私立中高一貫校・都立高校の国公立大現役進学率

【私立中高一貫校】

高校名	卒業生	国公立大合計	国公立大進学率
開成	405	222	54.8%
桜蔭	227	108	47.6%
渋谷教育学園渋谷	207	77	37.2%
女子学院	222	77	34.7%
駒場東邦	226	77	34.1%
芝	286	88	30.8%
鴎友学園女子	229	66	28.8%
豊島岡女子学園	339	97	28.6%
武蔵	167	46	27.5%
暁星	157	36	22.9%
頌栄女子学園	212	45	21.2%
吉祥女子	248	48	19.4%
攻玉社	222	41	18.5%
早稲田	306	55	18.0%
田園調布学園	188	33	17.6%
本郷	306	52	17.0%
世田谷学園	213	34	16.0%
白百合学園	164	26	15.9%
高輪	212	33	15.6%
雙葉	175	27	15.4%

【都立高校】

ランク	高校名	卒業数	国公立大合計	国公立大進学率
2番手	戸山	320	132	41.3%
トップ	日比谷	322	131	40.7%
2番手	立川	315	124	39.4%
トップ	国立	317	123	38.8%
トップ	西	314	101	32.2%
2番手	八王子東	307	91	29.6%
2番手	国分寺	309	90	29.1%
3番手	小山台	313	86	27.5%
2番手	青山	281	75	26.7%
2番手	新宿	315	84	26.7%
3番手	多摩科学技術	204	52	25.5%
3番手	武蔵野北	234	58	24.8%
3番手	小松川	317	76	24.0%
3番手	竹早	267	48	18.0%
3番手	町田	315	55	17.5%
3番手	駒場	316	54	17.1%
3番手	日野台	309	46	14.9%
3番手	北園	310	46	14.8%

(『サンデー毎日2023年6月20日発売号』および学校公式WEBサイトより作成)

国公立大学というカテゴリで大学進学力を測ると、高校受験ルートの大学進学力の高さは侮れません。

次ページの上の表は重複合格を除いた3番手系都立高校の実際の現役進学者数です。3番手系の都立高校では約半数が国公立大学+早稲田大+慶應大+上智大・東京理科大+MARCHへ進学します。

「真ん中でMARCH」とは、まさにこの3番手系の都立高校になります。2000年代に始まった**都立高校の大学進学率の復活は3番手系の都立高校の躍進による貢献が顕著です。**

藤沢数希氏の『コスパで考える学歴攻略法』(新潮新書)によれば、中学受験のトップランナーが集まるSAPIX小学部の大学進学の中央値がMARCH(明治大学、青山学院大学、立教大学、中央大学、法政大学)と推定されるそうです。

SAPIX小学部で真ん中の成績を維持することの困難さを考えると、**高校受験で英語を鍛え、地元の3番手系の都立高校へ進学し、高校生活で目いっぱい青春をして、MARCHレベルの大学を目指すほうがハードルが低い**ように思います。

3番手系の都立高校は、旧制中学や高等女学校の歴史を持つ伝統校が多く、母校に愛校心を抱く在校生・卒業生が多いです。

３番手系都立高校の国公立・有名私大の実際の現役進学者数

高校名	小山台	武蔵野北	三田	駒場	小松川	日野台	北園
卒業生	313	234	281	316	317	309	310
国公立	86	58	28	54	76	46	46
早稲田	24	20	19	20	9	7	14
慶應	9	0	15	7	3	7	4
上智	3	2	11	3	3	2	3
理科	4	3	5	7	6	3	2
明治	22	19	22	23	21	12	17
青山	8	6	16	12	6	13	12
立教	11	9	14	8	9	12	17
中央	14	11	7	14	6	28	10
法政	7	11	7	8	13	14	19
私大合格	102	81	116	102	76	98	98
国公立＋私大	188	139	144	156	152	144	144
進学率	60%	59%	51%	49%	48%	47%	46%

中堅高校の現役合格者数の推移

		国公立	早慶上理	MARCH	成成明学	日東駒専
井草	2003年	2	7	28	15	52
	2023年	17	26	169	42	131
調布南	2003年	2	2	29	3	40
	2023年	11	13	76	28	138

（『サンデー毎日2023年6月20日発売号』および学校公式WEBサイトより作成）

次世代リーダー育成道場を利用した海外留学も盛んですし、科学技術系の学校もあります。東大に到達する確率は中学受験のほうが高いでしょうが、普通の成績のお子さんにこそ、3番手系の都立高校を目指してほしいと思います。

・中堅校の大学合格実績が伸びてきている

今、最も伸び盛りといわれているのはVもぎ偏差値50台半ばの中堅系の都立高校です。練馬区の井草高校は、「マンガのような青春が送れる」という口コミのある城西地区の人気校です。『あたしンち』や『SSSS．GRIDMAN』『ヒロインたるもの！』『アニメガタリズ』などの多くのアニメやマンガの舞台になりました。

前ページの下の表をご覧ください。20年前までは、トップ層の1割程度がMARCHレベル以上へ進学し、上位3分の1に入れば日東駒専に入れるぐらいのイメージでした。それが今や、上位3分の1が、MARCHレベル以上へ進学、中間層が成城大、明治学院大、日大などへ進学しています。保護者世代と比べて、大学進学先が1ランクアップしています。

Vもぎ偏差値40台の高校の進路も変化しています。江戸川区の篠崎高校は、Vもぎ偏差値40前後が入学者のボリュームゾーンです。70％の卒業生が現役で大学に進学していて、日本大学、工学院大学、神奈川大学などの中堅私大に進学しています。

その旺盛な大学進学力を支えるのが指定校推薦や総合型選抜です。先述の篠崎高校から大学に進学した生徒の87％が、指定校推薦や総合型選抜を利用して大学受験を突破しています。このランク帯の高校は、一般受験の割合が高かった保護者世代と比べ、最も大学入試の変化を感じることになります。

偏差値40台の都立高校は、指定校推薦枠に恵まれています。篠崎高校は、636以上の指定校推薦枠を保有しています。1人当たり2校以上の枠がある計算です。

偏差値40台の高校であっても、学校の勉強を頑張ることで、指定校推薦や総合型選抜への応募を経由して、大学進学への道が開けることは知っておきましょう。

STRATEGICALLY PREP FOR HIGH SCHOOL

都立高校受験の進路の多様性

15歳の高校受験は、親の意向が強く働く12歳の中学受験よりも、バラエティーに富んだ、多様な進路選択が可能です。

ここからは、私立校より経済的負担の小さい国立・都立の学校で、高校受験の進路の多様性の一端を紹介します。本人の意志で、保護者が思いもよらない進路を切り開くことがあるのが高校受験です。「地元の偏差値に合った高校へ行く」という選択肢しかなかった親世代では考えられなかった、令和の高校受験の多様性を知っておきましょう。

・理系の生徒が輝く高校

理科や数学に興味がある理系志向の生徒が目を輝かせる高校選びを考えてみましょう。

一つは、文部科学省が行うSSH（スーパーサイエンスハイスクール）の指定校です。

国から多額の予算が配分されるため、実験機材が充実し、専門機関と連携した探究活動が盛んです。たとえば、ＳＳＨ指定の日比谷高校では、ノーベル賞受賞者を招いた特別講演会、海外派遣研修、沖縄、伊豆大島でのフィールド実習といった行事があります。

専門学科では、理系大学への進学を前提とした科学技術科や、創造理数科を設置する高校もあります。２０２２年度に創造理数科が新設された立川高校は、探究活動を成果に、京都大学の総合型選抜で２人の合格を出すなどの成果を上げています。

・大学まで学費無償を実現する高校

東京都立大学の授業料無償化政策が２０２４年度より開始します。都立高校の授業料も完全無償化することから、注目を集めているのが、都立高校→東京都立大学の完全無償化ルートです。

経済的な負担が少ないこのルートは、私立高校からＭＡＲＣＨの理系学部へ進学する場合と比較して、約１０００万円の学費を節約できます。節約した学費を大学時代の海外留学資金に充てる戦略も考えられます。

都立高校には指定校推薦枠が振り分けられ、大学合格者ランキングの上位を占有してい

理系の生徒が輝く高校

戸山高校（新宿区）　医学部進学に特化した独自プログラム

医学部進学を目指す生徒に特化した独自の支援体制であるチーム・メディカル（TM）という専門支援プログラムがあります。TM専属の教員による指導の下、自治医科大や都立病院での実習、東京医科歯科大との高大連携プログラムにより、「医者としての適性」を学力だけでなく、実際の体験を通じて探ることができます。有名私立大学医学部や、ハンガリーの国立大学の医学部の指定校推薦枠を保有している珍しい高校です。

多摩科学技術高校（小金井市）　理系オタクたちの聖地

理系オタクの聖地と呼ばれる科学技術科の学校です。校内には、定価1000万円の電子顕微鏡や超高速遠心機の機材がそろい、大学の研究室にも劣らない実験環境が整います。フランスの高校との協定を締結し、今後は海外とのオンライン交流や国際共同研究を積極的に行う予定です。科学研究部、ロボット研究部、無線工作部、天文部など、理数系の部活動が充実しているのも魅力。科学研究部の部員数は180人を超えます。普通科の学校では考えられない規模です。

東京工業大学附属科学技術高校（港区）
研究に没頭する3年間

国立大学法人東京工業大学の附属校です（内部推薦枠はありません）。高校2年生で5つの専門分野に分かれて、課題研究を進めます。進学校というよりは「研究のための高校」のイメージ。東京工業大学と高大連携し、博士後期課程の学生が研究の進め方をレクチャー。理工系のプロフェッショナルを目指します。大学進学は推薦が中心。2026年に大岡山キャンパスへ移転予定。新校舎が建設されます。

大学まで学費無償を実現する高校

町田高校（町田市）　都立大の合格実績ナンバー１

2024年の東京都立大学の合格者数上位の高校で、「町田高校→東京都立大学」がゴールデンルート。ここだけの話、都立大学への指定校推薦枠は2ケタあるそうで、これは全国で最も多い保有数です。1年生全員が東京都立大学を訪問し、卒業生から、キャンパスライフや研究活動についての紹介を受けます。アメリカ・カリフォルニア州での8日間の海外語学研修プログラムも実施しています。

駒場高校（目黒区）　2024年より高大連携を開始

2024年3月、東京都立大学と駒場高校の高大連携協定の調印式がありました。今後、東京都立大学への合格者が増えそうです。普通科と保健体育科が併設された珍しい学校で、部活動がとても盛んです。人工芝グラウンド、陸上競技場、開閉式ドームの温水プールなど区部では有数の施設です。現在、小澤校長が学校改革を進めています。

ます。上の表にあるのが、東京都立大学と高大連携を行う２校です。

・海外大学進学を実現する高校

２０２４年度の速報で、都立国際高校から米英トップ大のオックスフォード大、プリンストン大に合格が出ました。飛躍のきっかけは、２０１５年の国際バカロレア（ＩＢ）コースの導入です。ＩＢは、国際バカロレア機構が提供する、世界共通の教育プログラムです。このプログラムを修了することで、世界中の大学への進学が可能になります。

また港区白金には、海外大進学を目指す都立新国際高校が開校予定です。都立生のための専用海外大奨学金の新設も検討されています。

東京都はＧＥ－ＮＥＴ２０という、都立高校生の海外大学進学支援プログラムを展開しています。指定校のいくつかを次ページで紹介します。

・自由に時間割を作ることができる高校

総合学科は、希望進路に応じた幅広い選択科目があり、自分だけのオリジナルの時間割を作れることが強みです。２年次には「系列」に分かれて、好きな科目、受験に必要な科目に専念します。学力中間層や、科目間の得意・不得意の激しいタイプは、総合学科がマッチする可能性があります。総合学科は指定校推薦がとても取りやすいという隠れたメリットがあります。自分の得意科目に専念できるため、評定を取りやすく、評定基準のある公募制推薦や総合型選抜の応募のハードルも下がります。

多くの総合学科では「卒業研究」を行うので、推薦で提出する実績作りもカリキュラムに乗っかるだけで完成します。２３４ページにあるのは、晴海総合高校の例です。

GE-NET20の指定校

国際高校（目黒区）　２億円の奨学金を獲得するエース校

毎年70～150人の海外大合格を延べ数で出すエース校。卒業生は、GAFAをはじめとする世界的企業での活躍が見られます。一般家庭では負担の難しい学費の工面のため、奨学金獲得にも力を入れていることが特徴。マンツーマンの個別対策で奨学金の獲得をバックアップ。ある年は20人弱の海外大志望の生徒で、総額2億円の奨学金を獲得したそうです。開成や日比谷のような東大受験校よりもさらに上の世界を目指すならこの学校。

飛鳥高校（北区）　中堅校から海外大進学を実現

中堅校で海外大進学を目指せる学校。2年間で10人の海外大合格者を出しています。次世代リーダー育成道場への応募にも積極的で、国内修学旅行と同額で海外修学旅行を実施。英数国は全授業が少人数の習熟度別授業。フランスを含むネイティブ教員が数多く在籍、また、パリのPaul Valery校と姉妹校協定を結んでいます。

千早高校（豊島区）　独自の海外大指定校推薦入学制度

英語教育×ビジネス教育を掛け合わせた大学進学重視型高校。「多読」を中心にした独自の英語メソッドと、ネイティブ教員が8人在籍してほとんどの授業が少人数制で手厚いことが特徴。推しは千早海外大学連携プログラム。イギリスやアメリカの名門大学と連携して、語学研修に参加できます。さらに、指定校推薦制度を利用して中堅の千早高校から海外名門大への進学実績が出ています。

自由に時間割を作ることができる高校

晴海総合高校（中央区）　都立発の総合学科

都立高校で初めての総合学科として開校した元祖です。キャンパスの設備はとても恵まれていて、卒業生が「ほぼ大学」と評する雰囲気です。生徒たちは2年次から情報システム、国際ビジネス、自然科学、社会・経済、語学コミュニケーション、芸術・文化の6つの系列から、自分の関心や進路に合ったコースを選択します。

2年次に「課題研究」の授業があります。仮説検証からプレゼンテーションに至るまでの学問的なスキルを体系的に学び、研究成果を作ります。この成果物が、自己推薦書、課題レポート、面接などで求められる学問的な熱意の醸成につながります。推薦による大学進学でも大きな成果をあげています。500以上の指定校推薦枠を持っていて、法政大学だけで11人分も枠があります。推薦枠の多さは、晴海総合の総合学科での学びが高く評価されている証拠です。

・個性をどこまでも伸ばす高校

高校受験のメリットは、自立した15歳での決断になるからこそ、中高一貫校にはないような「個性」に全振りした学校が存在することです。学ぶテーマは農業、工業、商業、情報、海洋、芸術、科学技術、家庭、福祉などさまざまあります。

「就職が中心なのでは」と思う方もいるかもしれませんが、それは昔の感覚です。今ではほとんどの専門学科で、４年制大学の進学が最多進路です。

たとえば、農業系の高校は農学部や生物学部の指定校推薦の宝庫です。海洋系の高校は、３年間の経験を生かして全国

個性をどこまでも伸ばす高校

園芸高校（世田谷区）　農業のスペシャリストになるなら

園芸科、食品科、動物科の3学科。東京ドーム2.3個分の敷地には、徳川時代の盆栽、鳩小屋、農場、果樹園、畜産実習棟、温室があります。

総合芸術高校（新宿区）　芸術系を目指すならココ

美術科、舞台表現科、音楽科三学科。舞台表現科は100人の特別専門講師と契約し、演劇専攻には日 本劇団協議会会長の先生、舞踊専攻にはお茶の水女子大学の名誉教授の先生が担当。

大島海洋国際高校（大島町）　海洋がテーマの３年間を過ごす

海、船、海洋生物に興味がある子がハマる学校。1学年70人の小規模な全寮制で、学校が大型船を所有。全国の水産系、海洋系の国公立大学へ進学実績があります。

の水産・海洋系の国公立大学への実績があります。

・勉強が苦手な子が息を吹き返す高校

受験勉強が肌に合わない子が商業高校へ進学し、簿記という資格取得に向けた勉強で学ぶ楽しさを味わい、息を吹き返す――商業高校は魔法の学校です。

商業高校は今や大学進学が主流です。経営学部や商学部の指定校推薦枠は普通科高校よりも恵まれています。たとえば、渋谷区の第一商業高校には、中央大学、明治大学、明治学院大学、日本大学、東洋大学、駒澤大学などの指定校推薦枠があります。

勉強が苦手な子が息を吹き返す高校

第一商業高校（渋谷区）　簿記を頑張り、推薦で大学進学

商業高校としては指折りの名門。同窓会の奨学金でイギリスのバンガー大学への海外研修事業を行っています。商業系の大学指定校推薦枠が豊富で、普通科と比べて大学進学は有利。高校で簿記を頑張り、公認会計士に向けた勉強を前倒しできるのは隠れたメリット。商業高校出身者が本領発揮するのは大学進学後です。

墨田工科高校（江東区）　トヨタ就職の実績が高い

自動車科は「逆転ホームランルート」。5人に1人がトヨタ自動車へ就職。トヨタ自動車は高卒就職の花形で、40代で年収700 ～ 800万に到達。それ以外の卒業生も、日産、スバル、いすゞ、公務員という鉄板路線。サラリーマンとして確実に平均年収以上を稼げるようになるルートです。総合工科高校（世田谷区）にも機械・自動車科があります。

全商協会特別推薦という特別な推薦枠もあります。全商英検や簿記実務検定の取得で、法政大学、中央大学、立命館大学、同志社大学、國學院大學、日本大学、専修大学などに進学できる制度です。上の表は、商業高校を一つと、工科高校の自動車科の紹介です。

・不登校や発達障害の子が輝く高校

東京都は、中学校時代に完全に不登校で学校に通わなかった子に対しては、内申点が「斜線」（測定不能）になります。

この状態で都立高校を受けると、当日の筆記試験だけで合否を判定してくれます。つまり、不登校であっても、都立

不登校や発達障害の子が輝く高校

エンカレッジスクール　他校にはない細かなフォロー

全日制普通科高校ですが、小中学校の勉強が遅れてしまい、十分な能力を発揮することができなかった生徒たち向けの基礎学習や体験学習重視の学校です。発達障害の生徒も多く受け入れており、入学試験は学力検査がありません。定期テストを行わず、日々の授業や活動を評価すること、2人担任制や30分授業など、他校にはないきめ細かさが特徴です。

チャレンジスクール　マイペースさを尊重してくれる

中学校時代に不登校を経験したり、さまざまな理由から高校を中退したりした生徒が、自分の目標を見つけて、それに向かってチャレンジすることを支援する学校です。「自分のペースで学ぶこと」が理念で、手厚い学習環境が整っています。午後からや夜間の通学も可能なため、朝早く起きられない起立性調節障害の診断を受けた生徒の中退リスクが低いという特徴もあります。

新宿山吹高校（新宿区）　日本で一番拘束されない進学校

学力は高いものの、発達障害や不登校、集団生活になじめない、自由意志で学びを進めたいという生徒に絶大な支持を受ける進学校です。学校行事への参加ですら生徒の自由意志に委ねられ、時間割も柔軟。一人でいることを選んでも周囲から浮くことなく、多様な価値観が集まる環境で学校生活を送れます。2023年には京都大学の准教授に就任した卒業生の数学者が国際賞を受賞。翌年には日本情報オリンピックで複数の在校生が入賞するなど、新宿山吹生の活躍が目立っています。

トップの日比谷高校への進学は可能です。

発達障害の子に対しては、２０２１年度から、どの都立高校に進学しても特別な支援を受けられる「通級による指導」が開始されました。対人関係が苦手な都立生に対しては「コミュニケーションアシスト講座」を無料で開講しています。さらに、さまざまな特性を持つ子に合った新しいタイプの都立高校が用意されています。

・工学志向の子が輝く高専

一般に「高専」と略される高等専門学校は、中学校を卒業した生徒が、主に工学系の専門教育を受けることができる5年制の高等教育機関です。東京都には、都立産業技術高等専門学校（都立高専）、国立東京工業高等専門学校（国立高専）、私立校ではサレジオ工業高等専門学校の３校があります。

全国には58校あり、２０２３年には徳島県神山町に「起業家精神」の育成を掲げた全寮制の神山まるごと高専が設立され話題となりました。

高専の強みは、専門性を生かした就職率の高さです。国立高等専門学校機構の広報誌によれば、高専卒業者の求人倍率は20倍以上。大卒全体の求人倍率が１．７倍なので、企

工学志向の子が輝く高専

産業技術高等専門学校（品川区・荒川区）　区内唯一の高専

23区内に所在するただ一つの高専です。品川と荒川に二つのキャンパスがあります。都立学校ながら都外生も受け入れているため、高専のない埼玉県や神奈川県などの中学生も志願できます。ロボット工学コース、AIスマート工学コース、情報システム工学コースなど8つの専門課程があります。
航空宇宙工学コースは、都立高専を代表するコース。荒川キャンパスには、日本の航空機の歴史を実物で展示した科学技術展示館が併設しています。航空機好きは一度訪ねてみてください。部活動ではラジコン飛行機を制作する航空工作部、「鳥人間コンテスト」の常連である人力飛行機研究部、NHK高専ロボコンで活躍するロボット研究同好会も。
2023年度は59人が国公立大学へ編入しました。東京都立大への特別推薦枠という他の高専にはない強みがあります。

業が高専生に殺到していることがわかります。

　また、世間の耳目を集めているのが、高専からの大学編入ルートです。大学の工学系の学部３年への編入試験を受け、合格すると大学に編入することができます。これが「お得感がある」と脚光を浴びています。上にあるのは都立産業高専の例です。

・離島や地方の高校への国内留学

伊豆諸島に位置する神津島《こうづしま》は、人口約１７００人あまりの小さな集落。島内唯一の高校の神津高校は、東京都が島外の都民を受け入れる「島外生徒受入事業」

を実施しています。離島留学生は、島の祭事へ参加し、満天の星空の下で夜を過ごし、釣りやツーリングなど、雄大な自然の中で高校生活を送ります。

「地域みらい留学」という全国の特色ある公立高校へ国内進学するユニークな制度もあります。2017年のスタート以来、北海道から沖縄に至るまで100校以上の高校が制度に参加しています。

このプログラムで沖縄の離島の高校へ進学した生徒が、涙を流しながら「人生を大きく変えてくれた」と語っていた姿が忘れられません。学び、暮らす地域や環境を大きく変えることで、救われる子はたくさんいるはずです。閉塞感を抱いていたり、人とは異なる経験をしてみたい中学生は、国内留学という選択肢を考えてみてください。次ページにあるのが、全国募集型の公立高校の一例です。

離島や地方の高校への国内留学

北海道ニセコ高等学校

ニセコの立地を生かした緑地観光科があります。グローバル観光コースでは、ニセコを訪れる世界中の外国人と接して観光英語を習得。アグリフードコースでは、地域農家と連携した課題研究や商品開発を行います。12月からはスキー授業が開始。ウインタースポーツ好きにはたまらない環境です。ニセコ町からの手厚い補助金制度があります。

和歌山県立古座《こざ》高等学校

ロケットの打ち上げをきっかけに、全国で初めての宇宙専門コースである「宇宙探究コース」を新設。2年次には「宇宙ビジネス探究」「宇宙観測と利活用」「宇宙航空工学」といった特有の科目を学びます。

滋賀県立信楽《しがらき》高等学校

滋賀県で長い歴史を持つ「信楽焼」の伝統を学べる学校で、「アート留学」という全国募集を行っています。全国でも非常に珍しい紫雲窯《しうんがま》という穴窯《あながま》が敷地内にあります。

島根県立隠岐島前《おきどうぜん》高等学校

日本海に浮かぶ離島、隠岐諸島にある高校で、全学年で100人の離島留学者が在籍している、全国でも最も規模の大きい島留学が行われている学校です。新しい学科「地域共創科」が新設され、隠岐全体をフィールドにした探究活動を行っています。

沖縄県立久米島《くめじま》高等学校

南国の美しい離島である久米島にある島唯一の高校です。普通科と園芸科があり、離島留学者は町営寮である「じんぶん館」に入寮します。授業後は島太鼓やエイサーに参加したり、休日はみんなで釣りに出かけたり。南国の離島ならではの学校生活を送ることができます。

Question：教えて！ 先生

一般的に男子より女子のほうが内申点も高く、学力も高いことから、女子の高校受験は、不利と聞いたことがあるのですが……。

少しずつ改善に向かってきています。

東京の高校受験は女子が不利、と言われた大きな理由の一つが、都立高校が男女別定員でした。それまでは、女子のほうが総合得点が高いもかかわらず、不合格になってしまう事例が起きていましたが、2024年度から全面廃止されました。推薦入試のように女子生徒が強みを発揮しやすい入試形態もあります。一方、私立の早慶附属校は女子の募集枠が少なく、男子が有利です。これは中学受験でも同様で、高校受験だけの状況ではありません。ただ、2025年度の入試からは早稲田実業学校高等部が、2026年度からは早稲田大学本庄高等学院が男女同一定員にすることを発表するなど、少しずつ改善の機運は高まっています。

第6章

「私立高校受験の世界」をのぞいてみよう

イマドキの私立高校は、
「都立高校の併願」という位置づけではありません。
個性あふれた学校も多く、
魅力的な選択肢のひとつになっています。
人気の大学附属高校から進学系私立高校まで、
必見の情報が満載です。

STRATEGICALLY PREP FOR HIGH SCHOOL

大学附属校は中学受験よりも入りやすい

高校受験の魅力として、中学受験と比べた大学附属校の入りやすさがよく挙げられます。首都圏には、早稲田大学、慶應義塾大学、明治大学、中央大学などの有名私立大学の附属校・系列校がいくつもあります。そして**中学受験よりも高校受験のほうが入学のハードルは低く、狙い目である**といわれています。その理由は以下の通りです。

①教科数が少ない

中学受験は、理科と社会を含む4科目入試です。理科、社会は小学生に求める知識量としては膨大で、大きな学習負担となります。これに対して高校受験の大学附属校は3科目入試です。英語、数学、国語の3科目に比重を置いた勉強で大学附属校を狙えます。

②受験に熱心な家庭が中学受験で抜ける

東京では、小学1年生から受験勉強を開始するような教育熱の高い家庭は中学受験で抜けてくれます。莫大な教育費を投じる家庭が中学受験で勝負するおかげで、高校受験は普通の経済力の家庭が不利にならなくて済む構造です。

③高校単独の附属校が多い

法政大国際高校、中央大高校、中央大杉並高校、慶應義塾志木高校、早稲田大学本庄高等学院のように、高校からしか入学できない大学附属校がたくさんあります。

④入学手段が多様である

学力検査一発勝負の一般入試のほかに、推薦入試や書類選考と呼ばれる学力検査だけに頼らない入学手段があり、学力や特性に応じた入学チャンスがあります。

・高校受験の附属校の合格者数は募集定員を大幅に上回る

中学受験と比べた高校受験の大学附属校の優位性は、募集定員だけでは判断できません。次のページの表は、3校の入試結果です。募集定員と合格者の差に注目してみてください。

大学付属校の募集定員と合格者数

		募集定員	受験者	合格者	実質倍率
早稲田大学高等学院（男子）	中学募集	120	433	131	3.31倍
	高校募集	260	1410	516	2.73倍
慶應義塾（女子）	中学募集	50	352	58	6.07倍
	高校募集	80	450	140	3.21倍
中央大学附属（男女）	中学募集	100	434	136	3.19倍
	高校募集	120	872	240	3.63倍

※2023年度　慶應義塾は中等部と慶應義塾女子の比較、中央大学附属は第１回一般入試

中学募集が定員に近い合格数しか出さないのに対して、高校募集は定員を大幅に超過した合格数を出します。これは高校募集に辞退者が多いためで、募集定員以上に合格が出ます。

高校募集で辞退者が多い理由の一つが、日程の分散です。

たとえば、高校受験で早稲田大学高等学院を志望する受験生は、慶應義塾高校を併願できます。さらに、慶應志木の一次試験や早稲田大学本庄も受けることができます。併願できる数が多い分、ダブル合格が多く、辞退者が増えるのです。また、大学附属校が首都圏の公立・都立難関校の併願校として機能していることも、辞退者が増える要因です。

STRATEGIC
HIGH SCHOOL
ENTRANCE EXAM

「進学校＋附属校」の併願が高校受験は多い

辞退者が多いもう一つの理由として、大学附属校が首都圏の公立・都立難関校の併願校として機能していることが挙げられます。

これは、中学受験ではあまり見られない、高校受験特有の傾向です。中学受験では、進学校と大学附属校を併願する人はあまり多くありません。ところが、**高校受験では、第一志望を進学校に据え、不合格になったら大学附属校を選ぶという受験パターンがたいへん多いのです。**

たとえば、２番手系都立の立川高校の併願先は、中央大学附属高校や明治大学付属明治高校といったＭＡＲＣＨの附属校がラインナップに入ります。

首都圏には日大、駒澤大、専修大、東洋大、工学院大、東京電機大、東海大、日本女子大など、中堅私立大学の附属校もあります。

進学校を志望しながらも、これらの大学附属校を第2志望として受験することは、高校受験では珍しいことではありません。

・学習ルートによって大学附属校の到達可能範囲が異なる

高校受験には「実力養成ルート」と「中学準拠ルート」の二つがあることを第3章で説明しました。これらのルートによって、大学附属校の到達可能範囲が異なるというのは重要な視点です。

つまり、どちらの学習ルートを取るかによって、受験校のレベルの天井が決まっているのです。

都立高校はどちらのルートを選んでもトップ校まで到達が可能です。これが大学附属校になると、早慶附属校のレベルでは、中学校の学習内容を大きく超えたハイレベルな入試問題が出題されます。その問題に対応するためには、「実力養成ルート」での学習が不可欠です。

「中学準拠ルート」で対応可能な範囲は、基本的にはMARCH附属校のレベルまでにな

学習ルート別の大学附属高校の到達可能範囲

実力養成ルート

学力レベル＼受験校	早慶附属	MARCH附属	日東駒専附属
都立トップ校	○	◎	◎
2番手系都立	△	○	◎
3番手系都立	×	△	◎

中学準拠ルート

学力レベル＼受験校	早慶附属	MARCH附属	日東駒専附属
都立トップ校	△	○	◎
2番手系都立	×	△	◎
3番手系都立	×	×	○

◎…十分に合格が望める　○…チャレンジ適正校　△…可能性あり　×…合格は難しい

ります（立教新座と明大明治は難易度的に早慶附属に近い）。

ただし、ここまでは一般入試に向けた「学力」の到達可能範囲の話です。MARCHの附属校や中堅私大附属校は、推薦入試や書類選考と呼ばれる、中学校の内申点を考慮する入試の割合が増します。

また、一般入試においても、中央大杉並のように内申点を考慮する学校や、明大八王子のように内申基準のある推薦入試の出願者には、一般入試で加点措置を行う学校があります。そうなると、「実力養成ルート」の優位性は減り、「中学準拠ルート」が盛り返します。

STRATEGICALLY PREP FOR HIGH SCHOOL

大学附属は「2勝1分」を目指す

3科目入試の大学附属校は「2勝1分」が合格の目安です。これは、**3科目のうち2科目で高得点を狙い、残り1科目で少なくとも「引き分け」の成績を保つ**という意味です。

英語と数学を得意科目とすることが王道の戦略です。第1章で示したように、**小学生の段階から本格的な英語学習を開始し、小学校算数を「図形」や「割合・比」まで丁寧に仕上げてあると下地作りとして十分でしょう。**

たとえば、帰国生で英語が得意なら、英語で「1勝」が確定しているので、あとは数学か国語のどちらかを勝てる科目に仕上げ、残りの1科目で負けない状態にすることを目標にしましょう。

早慶附属校のレベルになると、英語はどの受験生も高いレベルで仕上がっていて当たり前で、数学の出来が合否を分けています。

3科目入試とはいえ、早いうちから理科や社会を捨てるのは得策ではありません。

・早慶附属は「駿台テスト」の偏差値が指標になる

早慶附属校に向けた学習の指標となるものが、駿台教育センターが主催する「駿台中学生テスト」です。「実力養成ルート」の受験生が主体の難度の高い模試で、早慶附属校ほか、開成や渋谷幕張、日比谷の合格者の過半数が受けています。

VもぎやWもぎといった一般的な模試よりも母集団の学力が高く、偏差値は低く出る傾向にあります。VもぎやWもぎで偏差値70を超えていても、駿台では50しか取れないこともあります。

駿台の偏差値表で合格可能性80%ラインは、男子で早慶附属は65ぐらいに設定されています。しかし、実際の合格者はというと、50台後半ぐらいあれば、合格を勝ち取れる可能性が出てきます。

女子についてはもう少しハードルが高く、60を超えてくると合格は現実味を増します(女子のハードルが高いのは中学受験でも同様の傾向です。高校受験特有の問題ではありません)。

中学1年生から中学3年生の秋ごろまでは、**駿台中学生テストで学力を測り、それ以降**

は、大手進学塾主催の冠模試や過去問演習で各校の合格可能性を探っていくのが早慶附属の王道の目指し方になります。

・早稲田大学高等学院の自己推薦入試は塾なし組も合格可能性あり

実力養成ルートが王道の早慶附属校ですが、男子校の早稲田大学高等学院の自己推薦入試は、中学準拠ルートや塾に通わない受験生にも合格可能性があります。この入試では**学力検査は行わず、1人当たり30分間の面接でのアピールが合否を分けます**。

次のような生徒が対象とされています。

1　学問・勉学を大切に思い、日々の勉学において自己の進歩や新たな発見に喜びを見いだせる生徒。

2　自ら興味の対象を持ち、それに打ち込み、学業との両立に積極的に取り組むことのできる生徒。

3　グループ活動に進んで参加してリーダーシップを発揮できる生徒。

過去にこの入試で合格しているのは、学校が求める生徒像に合致した受験生です。合格者は、これらの特性に合致し、自分が熱中する分野について深く語ることができる生徒です。そしてそれが「なぜ他校ではなく早稲田大学高等学院を選んだのか」につながっている必要があります。

9教科評定40以上の男子が応募資格を持ちますが、面接では深掘りした質問をされるため、過去にはその厳しさに耐えられず涙を流した受験生もいました。

募集人数が100人と多く、自分の強みや情熱を饒舌《じょうぜつ》にアピールできる生徒には、受験する価値があります。ただし、安易な受験はおすすめしません。自己分析と周到な準備をして臨むべき試験です。

大学受験が得か、早慶附属が得か

早稲田大学や慶應義塾大学への進学方法として、大学受験と附属高校からの内部進学のどちらが有利かは、多くの受験生や保護者にとって関心事です。早稲田大学を例に、それぞれのルートの難易度を私なりに考察しましょう。

早稲田大学の看板学部である政治経済学部への進学は、早稲田大学高等学院からの内部進学が最も有利です。このルートでは、学年の上位約4分の1が政治経済学部へ進学できると言われており、大学受験を経由するよりも明らかに有利な条件が与えられています。

附属・系属校でも、早稲田実業学校は政経学部の枠が少なく、内申点の獲得が得意な女子生徒が大勢入ってくるため、進学のハードルは高くなります。政治経済学部への進学は、高校受験から早稲田大学高等学院のルートが最も有利といえます。

他の学部に目を向けると、法学部、商学部、文学部、文化構想学部、教育学部、社会科学部などの中難易度の学部は、大学受験が最も入りやすいといえます。

高校受験の時点では早慶附属校にまったく届く学力ではなかった3番手系都立高校の生徒たちが、早い時期から早慶大に照準を合わせて合格しているケースがあります。

早慶附属校は高い数学力が求められますが、大学受験の早慶大は数学が必須ではありません。数学よりも英語が得意なタイプほど、大学受験では成功しやすくなります。

早慶大の理工系学部への進学に目を向けると、国語力の有無が重要な要素になるように感じます。国語を非常に苦手としていると、3科目入試の早慶附属校は国語が占めるウエイトが大きくなるため、数学や英語で突き抜けないと合格ラインに乗ることが難しくなります。早稲田大学高等学院のように、3科目の試験に加えて小論文を課す学校もあります。

国語がとても苦手で理数が得意な子は附属校で勝負をせず、入試で国語をパスできる大学受験で理工学部を目指すほうが、進学の可能性が高くなるケースがあります。

最後に、大学附属校の最大の魅力は、大学受験に縛られない学びができることです。

この点は単純な入学の損得論争では測れないことを述べておきます。

STRATEGIC HIGH SCHOOL ENTRANCE EXAM

理系は進学校から国公立大学ルートが優勢

大学附属校か、進学校かを判断する大きな要素が「理系進学」の可能性です。

社会では理系学部のニーズが高まり続けています。AIの急速な発展に伴う、データサイエンス、情報技術、プログラミングといった分野での人材需要が増加しており、工学、理工学、生物学、医学などの分野でも企業や社会からの期待は高まっています。この背景には、政府の理系学部の拡充や、理系学生比率増加を推進する政策があります。少子化にもかかわらず、東京工業大学の情報理工学院、東北大学の工学部、電気通信大学の情報理工学域などの定員が増員されました。

こうした動きとは対照的なのが大学附属校です。首都圏の有名私立大の附属校は、文系進学の傾向が顕著です。慶應義塾高校の理系進学率は約20％、法政大学高校が約14％、中央大学附属は約8％にとどまっています。

附属校への進学を選んだ生徒の中には、理系分野への進学を望んでいたものの、希望する学部や学科がないために後悔するケースも少なくありません。明治大の系列校に進学した卒業生は、理系は推薦枠が少なく激戦だと打ち明けます。このような背景から、**理系進学を考えると、大学附属校よりも進学校を優先して選んだほうが良いでしょう**。

また、国公立大学と私立大学との比較では、学費や研究環境の面で国公立大が優位に立つことが多く、また国公立大学は、4年間の総学費が私立大学の理系学部に比べて約300万円も安くなることが一般的です。

さらに、教員1人当たりの学生数が少なく、科学研究費助成事業の採択件数においても、国立大学が上位を占め、質の高い研究環境が提供されています。**理系においては、大学のネームバリューよりも、具体的に何を学んだか、どの研究室で学んだかという点が特に重要とされます**。進学を考える際には、大学のネームバリューにこだわるよりも、教育や研究の質を重視する視点が求められます。

どうしても理系で大学附属にこだわる人は、芝浦工業大附属、工学院大附属、東京電機大高校といった理系私立大附属校も候補に入れましょう。MARCH附属校よりも、こちらのほうが「正解」になる可能性が高いからです。

ＭＡＲＣＨ附属の多様性

早慶大に次ぐ有名私立大が、明治大学、青山学院大学、立教大学、中央大学、法政大学のＭＡＲＣＨです。ＭＡＲＣＨ附属校の入試難度は、学校によって大きな差があります。

特に、明治大学付属明治高校と立教新座高校は、早慶附属校に近い高難度です。立教新座は、早慶附属校を第一志望とする男子生徒にとっての前哨戦《ぜんしょうせん》となることが多く、入試問題もハイレベルです。このため、早慶附属校を目指すものの届かなかった生徒が多く入学する傾向にあります。女子は青山学院高等部が別格の難度で、早慶附属に匹敵するレベルの高さです。

他方、明治大学付属中野、明治大学付属中野八王子、中央大学附属、中央大学高校、中央大学杉並、中央大学附属横浜、法政大学高校、法政大学第二高校（以下、法政第二）、法政大学国際（以下、法政国際）などのＭＡＲＣＨ附属校は、それぞれ独自の特色を持ちつつも、おおむね大きな難度差はありません。

ＭＡＲＣＨ附属の入試は、早慶附属校以上に多様性に富んでいます。

たとえば、法政大学の附属校には、それぞれ異なる特色と入試方法があり、受験生は自分の強みを生かした戦術を選ぶことが重要です。

法政大学高校では、内申点と偏差値のバランスが良い生徒が推薦入試と一般入試の両方に挑戦できます。推薦入試は内申点（評定）38／45以上が要件で、適性検査と面接で合否が決定します。推薦入試で不合格でも、一般入試では推薦入試受験者に加点があります。法政第二高校や法政国際高校の書類選考入試は、中学校の成績が優秀でも模試の偏差値が低い生徒に適しています。内申点（評定）が42／45程度あれば、英検などの加点を含めて合格が狙えます。学力検査がないため、中学校の成績に特化して勉強した生徒に合った入試です。

学力に自信がある生徒は、法政第二高校や法政国際高校の一般入試が適しています。この入試は学力検査の点数のみで合否が決まるため、テストでの高得点が合格のカギです。

受験生は自分の強みや学習ルートに合わせて最適な入試方法を選択しましょう。

STRATEGICALLY PREP FOR HIGH SCHOOL

MARCH附属は高校受験唯一の「レッドオーシャン」激戦入試

２０１０年代後半以降、ＭＡＲＣＨ附属高校の入試難度が顕著に上昇し、高校受験市場において大きな変動をもたらしました。この現象の背後には、文部科学省による私立大学の定員厳格化が影響しています。

入学定員を超過する入学者を厳しく取り締まった結果、一時期、私立大学全体の入試難度が上昇しました。

この情報がメディアによって大きく取り上げられ、受験生や親の不安を煽る形となり、結果として**MARCH附属校の人気と入試難度が高まりました。**

早慶附属校ではなく、ＭＡＲＣＨ附属校に人気が集中するのには、「実力養成ルート」と「中学準拠ルート」の双方の受験生が受けやすいという高校受験特有の構造にあります。早慶附属校は「実力養成ルート」でないと対応が難しいため、附属校人気が過熱しても、その難しさから受験者数があまり増えません。

MARCH附属校が激戦になる理由

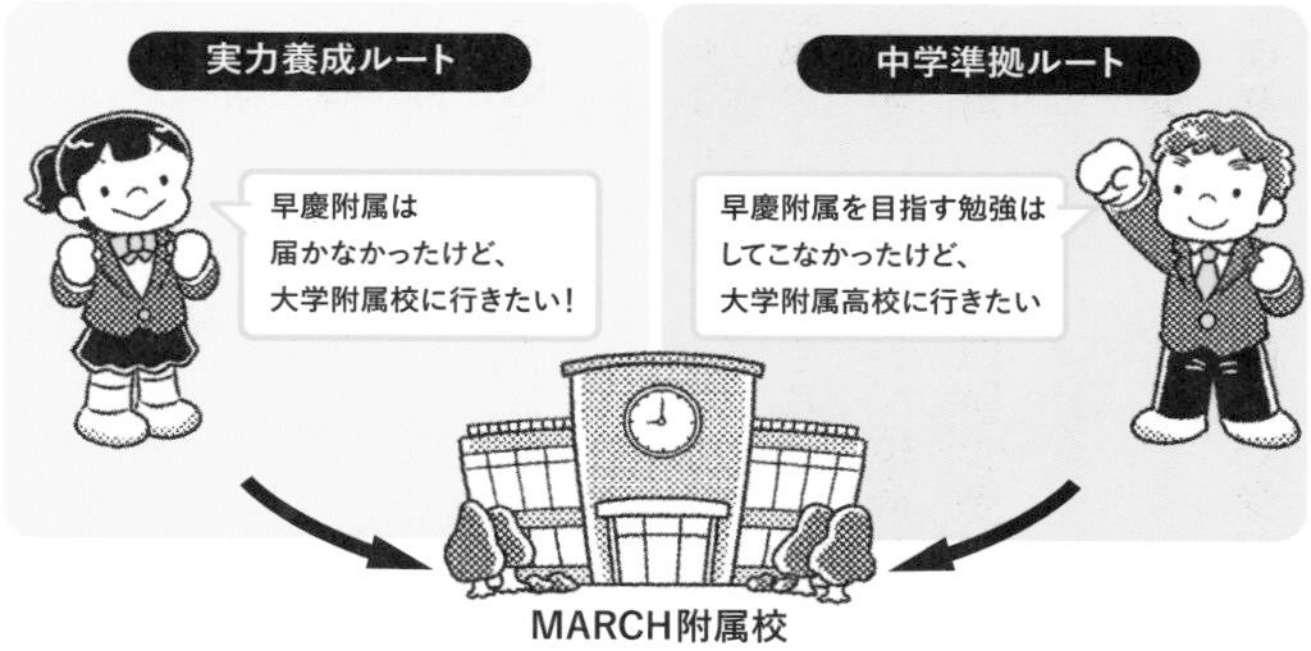
実力養成ルート
早慶附属は
届かなかったけど、
大学附属校に行きたい！
中学準拠ルート
早慶附属を目指す勉強は
してこなかったけど、
大学附属高校に行きたい
MARCH附属校

レッドオーシャン化

それに対して、ＭＡＲＣＨ附属校は受験の参入障壁が低く、中学準拠ルートの受験生も含んだ、より幅広い学習背景を持つ生徒が受験することになります。都立進学指導重点校への進学を目指す生徒も、高校受験をするときにＭＡＲＣＨ附属校を併願校として選択する傾向にあります。二つの学習ルートの受験生がなだれ込んだ結果、ＭＡＲＣＨ附属校は高校受験市場における唯一の「レッドオーシャン」、つまり非常に競争が激しい市場へと変化しました。

いまや、**都立進学指導重点校から早慶大や中堅国立大学を狙える学力層でないと、高校受験でＭＡＲＣＨ附属には到達しないのが現実なのです**。

STRATEGIC HIGH SCHOOL ENTRANCE EXAM

MARCH附属校を夢見た受験生の行き先のリアル

ＭＡＲＣＨ附属校のレッドオーシャン化は、現場で教えている私もひしひしと感じます。20年前の合格者平均点が、現在では合格者最低点になった感覚です。

その激戦ぶりを象徴する資料があります。難関私立大附属校受験に強い、ある大手塾の校舎のクラス別合格先の一覧です。

4クラスのうちの最上位クラスは選抜制です。

日比谷、西、渋谷幕張、開成、慶應女子、早稲田本庄、早稲田実業、早稲田高等学院、明大明治、明大中野、中央大高校、立教新座とそうそうたる顔ぶれが並びます。早慶附属だけでなく、ＭＡＲＣＨ附属校も最上位クラスが稼いでいることがわかります。

これが2番手以下のクラスになると、景色は一変します。

ＭＡＲＣＨ附属校の合格はごく少数を除いて消え、日大、東海大、専修大、駒澤大、国士舘大といった中堅私立大の附属校か、併願優遇で押さえ校として利用される中堅〜中下位の私立高校が並びます。

一方で、3番手や4番手のクラスであっても、手堅く都立高校を志望してきた生徒は、3番手系以上の都立高校への進学を果たしています。**3番手系の都立高校は、真ん中の学力を保てばMARCHに進学できます。**

ここに、MARCH附属校を目指すことの大きなリスクが浮き彫りになります。

手堅く都立高校を狙えば、3番手系以上の都立高校に進学できた学力層が、「早慶附属は無理でもMARCH附属なら」という淡い夢を抱き、高校入試で最も激戦のMARCH附属市場に参戦して、ほとんどの受験生が散っているのです。

大学附属校を希望していて、早慶附属校レベルまで学力で突き抜けることができそうにない場合、MARCH附属校受験は、レッドオーシャンに突っ込む覚悟が必要です。今後、どうなるかはわかりませんが、しばらくは人気の高止まりが続くような気がします。

どうしてもMARCH附属校への志望変更を強く望む場合、261ページの法政第二や法政国際の書類選考入試を検討するのがいいでしょう。積み重ねてきた学習の方向性と入試のギャップを冷静に分析して、無理のない範囲での志望校選択を心がけましょう。

STRATEGICALLY PREP FOR HIGH SCHOOL

オール4で「日東駒専」の附属校の推薦が見えてくる

中学受験では、保護者の中に「12歳で大学を確定させたくない」という意識が働くため、中堅私立大の附属校は選ばれにくいようです。しかし、**大学進学が現実味を帯びる15歳になると、中堅私立大の附属校もリアルな選択肢に昇格します**。

中堅私立大の代表格が「日東駒専」（日本大、東洋大、駒澤大、専修大）です。スペースの関係上、ここでは最大勢力である日本大学の附属校について見ていきましょう。

日本大学の附属校は全国にあまたあり、東京からの通学圏だけでも、日本大学高校・中学校（日大日吉）、日大櫻丘、日大鶴ヶ丘、日大豊山、日大豊山女子、日大藤沢、日大習志野、日大第一、日大第二、日大第三、目黒日大などがあります。**高校からしか入れない附属校も多いため、日東駒専の附属校は高校受験が主戦場といえます**。

進学ルートは大きく二つに分かれます。一つは内申点を活用した推薦や単願です。高校によって差はありますが、おおむね5科目オール4が合格の目安です。

もう一つは学力検査による一般入試です。これも高校によって差はありますが、Vもぎ偏差値58ぐらいの学力があると合格を目指せます。これは、3番手系都立高校の豊多摩高校、城東高校、上野高校、調布北高校と同じくらいの学力です。

大学受験ルートとも比べてみましょう。現在の日東駒専のボリュームゾーンは中堅系の都立高校です。豊島高校、石神井高校、広尾高校、深川高校、雪谷高校、小平南高校あたりをイメージしてください。

たとえば、Vもぎの合格者平均偏差値53の小平南高校は、国公立大、早慶上智理科大、MARCHに現役で上位約20％が進学しています。それに次ぐ学力層が、成城大、成蹊大、明治学院大などに、さらに続く中間層が日本大や専修大の日東駒専に進学します。

大学受験で日本大に行ける都立高校はVもぎ偏差値53、高校受験で日大附属校に行くには偏差値58前後。この偏差値「5」の差が、附属校であることの安心を買うコストです。

ただし**近年、どこの大学附属校も、附属生の学力低下が問題化して、内部進学の基準を厳格化しています**。入学後に遊んでしまった結果、内部進学基準に達せず、行き場を失った友人が泣いていたなんて話を卒業生から聞いたこともあります。高校で勉強をサボってしまうと、附属校でも痛い目に遭うので、お気をつけて。

STRATEGIC
HIGH SCHOOL
ENTRANCE EXAM

私立高校は「コース制」が主流になった

進学校系の私立高校の話に移行しましょう。

東京の私立高校は、一部の難関校を除けば「コース制」が主流です。これは、一つの高校内に異なる学力層を対象とした複数のコースが設けられていることを意味します。コース制は、私立高校が学力上位層を集めるための工夫によって生み出された産物です。

1学年6クラス、偏差値55の私立高校があったとしましょう。この学校が学力別に3つのコースを作ります。そうすると、学力の最も高い生徒たちが集まる特別選抜コースは偏差値60、次いで選抜コースが偏差値55、それ以外の進学コースが偏差値46になります。

高校受験ガイドブックやウェブサイトで記載される偏差値は、最上位の特別選抜コースの60になります。**偏差値55の私立高校が、学力別コースを三つ作るだけで、見かけの偏差値がつり上がりました。**翌年から学力上位の受験生が集まりやすくなります。少し意地悪な言い方をするならば、このような**「偏差値操作」によって、生徒の学力層はそのままに**

見かけの偏差値がつり上がるしくみ

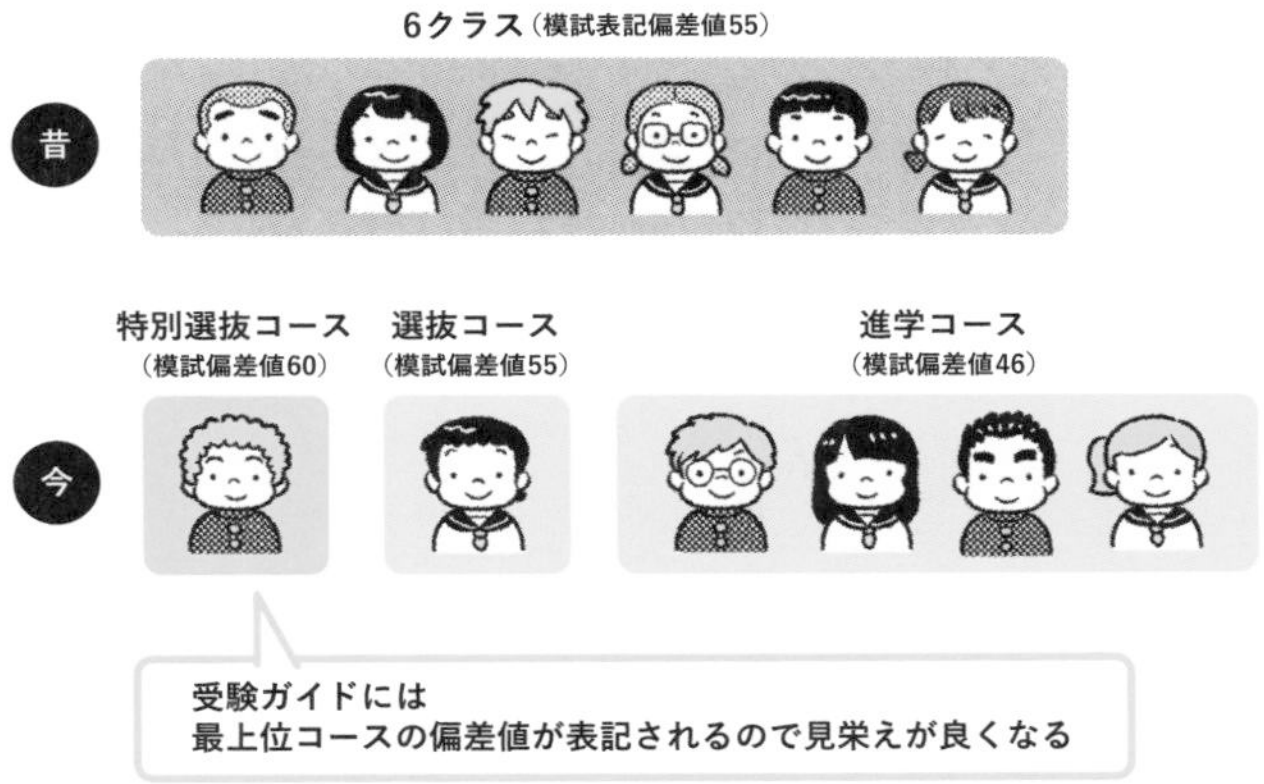

学校のイメージを良くすることが、コース制の真の狙いです。言い換えると、コース制の私立高校の偏差値は当てにならないのです。

私立中学受験塾がこんな話を保護者にしていました。

「中学受験では偏差値40台の私立中学が、高校受験になると偏差値60の難関校になるので、中学受験で入学したほうが得」

中学受験と高校受験の偏差値の違い（第3章参照）や、コース制のカラクリを知っていれば、これを真に受けてはいけないことがわかると思います。

極論をいえば、コース制による偏差値のつり上げが横行して、もはや東京の私立高校において、「偏差値」はあまり意味のある指標ではなくなりました。関西の私立高校が最初にこの手法を「発見」して、首都圏の私立高校にも持ち込まれ、偏差値を上げる手段として広まってしまったようです。

・一つの私立高校の中に複数の「小さな高校」がある

私立高校ではさまざまな名称の特進コースが生まれています。スーパー特進コース、国公立コース、最難関選抜コース、大進選抜コース、アドバンストコース、スーパープレミアムコース、プログレスコースなど、その種類は多岐にわたります。近年はその名称がインフレを起こしており、**「特進コース」が最も学力レベルが低いコースを指す学校もあります。**

コース制を採用している私立高校は、**同じ高校の中に、偏差値が20近くも異なるコースが混在していることも珍しくありません。**原則3年間同じコースに所属して持ち上がることになります。まるで一つの高校内に複数の「小さな高校」が存在するような状態です。

同じコースの生徒同士が3年間一緒に過ごすことで、強い絆や団結力が育まれることがメリットです。一方で、異なるコースの生徒間での交流が少なく、クラス替えの流動性がないため、交友関係が広がりづらく、学校全体としての一体感が欠ける傾向にあります。同じ学年の中でも知らない生徒が多く、学校全体としてのコミュニティや愛校心が形成されにくいデメリットがあります。

コース制の私立高校では、学校全体としての統一感よりも、コースごとの特色を優先しているといえます。

開成や渋谷幕張のような難関進学校はコース制を行っていません。また、國学院高校（渋谷区）のように、あえてコース制を行っていない学校もあります。

・かつての非進学校は今や人気進学校

昔のイメージを払拭し、進学校へと進化した私立高校が存在します。２０００年代に都立高校の存在感が復活し、都立高校の進学校の不合格者を受け入れる私立高校が地位を向上させました。特に共学校、コース制、併設中学なしの三拍子がそろった私立高校が人気を集めています。代表校の3校を紹介しましょう。

拓殖大学第一高校（武蔵村山市）は、ひと昔前は半数以上が拓殖大学に進学していましたが、現在ではほとんどの生徒が外部の大学へ進学する進学校になりました。進学コースと特進コースのある典型的なコース制の学校です。

所ジョージ氏の出身校でもある錦城高校（小平市）は、共学化を機に人気進学校へと変貌しています。私立高校には珍しく運動部の部活動推薦がありません。全員が同じ条件下で部活動が始まることから、都立高校志望層からも高い支持を得ています。

朋優学院高校（品川区）も、中延学園という女子校から校名変更して共学化し、進学校路線に舵を切りました。コース制の私立高校の中では私のイチオシです。

都立高校を志望していた生徒がコース制の私立高校へ進学すると、思い描いていた高校生活とはかけ離れたもので落胆する子も中にはいます。しかし朋優学院に進学して後悔をしている生徒は見かけたことがありません。入学時には暗い顔をしていた生徒も、卒業時には「この学校で良かった」と笑顔で母校を語ってくれます。

この学校の面白いところは、「高校単独校の最高峰を目指す」と宣言していることです。**中高一貫校にはならないことで、中高一貫校に高校から入学することを不安に思う中学生の心をわしづかみにしています。**まさに「逆手の戦略」です。学校行事の自由度が高く明るい校風。中入生がいないので、引け目を感じることなく過ごせるでしょう。

私立高校の合格が事前保証される「併願優遇」

入試制度の話に移ります。コース制私立高校の多くは、受験をする前に合格が保証される特徴的な入試を実施しています。これこそが高校受験特有の「併願優遇」です。

中学受験では、試験を受ける前から合格が確約されることはありえませんが、**高校受験ではほとんどの受験生が「併願優遇」を利用し、最低でも1校は「合格」できるのです**。したがって、中学受験でしばしば起こる「全滅」は、高校受験ではあまり発生しません。

「併願優遇」は東京都の呼称で、神奈川県では「併願確約」、千葉県や埼玉県では「併願」と地域により呼称が異なります。

以下は、私立高校が提示する併願優遇の基準例です。

【内申点基準の例】

3科※「12」もしくは5科「20」もしくは9科「36」／英検・数検・漢検の準2級

以上で＋1　※3科とは「国数英」、5科とは「国数英理社」を指す。
【偏差値基準の例】
同じ模試で上位2回の偏差値平均「64」以上

最も一般的な内申点を利用した併願優遇の場合、中学3年の11月の定期テスト終了後に確定した仮内申を基に受験校を確定します。この内申点は、中学3年生の4月から11月までの成績を統合したもので、都立高校受験で使用される内申点と同一です。中学校の先生はそれを基に私立高校と「入試相談」を行い、合格が事実上保証されます。

基準には検定試験の加点があることに注目してください。都立高校は検定関連の加点はありませんが、私立高校は取得級に応じた加点があります。**「高校受験は検定を取得すると有利」といわれるのは、このような加点制度があるからです**。

一方の偏差値基準は、埼玉県の私立高校で一般的です。Vもぎ、Wもぎ、駿台などの会場模試を複数回受けて、基準に達していると合格が保証されます。

試験一発勝負の不安を軽減するとてもありがたい制度です。学力に自信のある中学生は、この制度を利用して、埼玉の難関私立高校の事前合格をもらうことができます。

STRATEGIC
HIGH SCHOOL
ENTRANCE EXAM

「学力検査一発勝負」のフリー受験

合格が事前保証される併願優遇に対して、入試の学力検査の得点だけで合否が決まるのがフリー受験（オープン入試）です。

難関私立高校は、基本的にこのフリー受験での学力検査一発勝負になります。併願優遇を実施せず、フリー受験が原則の学校は次のような学校です。

早慶附属、ＭＡＲＣＨ附属、明治学院、開成、桐朋、巣鴨、城北、ＩＣＵ、桐光学園、國學院久我山、國学院、成蹊、成城学園、市川、渋谷幕張

※ＭＡＲＣＨ附属校の中央大附属横浜は併願の入試を実施しています。

ここに挙げた以外のほとんどの高校は、併願優遇とフリー受験の両方を同時に行っています。次のページの表は、併願優遇の定番校である私立高校の入試状況です。

私立高校の一般入試の受験形態の例

	名称	合格判定資料	備考
一般入試	フリー受験 （オープン入試）	学力検査	当日の試験の点数で 合否が決まる
	併願優遇 （併願確約・併願）	中学の内申点	事前に合格が確約される

	募集定員	応募者数	欠席者数	受験者数	合格者数	倍率	入学率
併願優遇あり	270	1102	90	1012	1012	1.0	236
併願優遇なし		375	25	332	189	1.76	62

入試会場には、併願優遇での事前合格が保証された生徒と、併願優遇をもらわずに実力勝負のフリー受験で受けに来た生徒が混在していることになります。

併願優遇で受けた生徒は合格が保証されるため、当日の筆記試験の得点は関係なく、受験者全員が合格しています。**募集定員270人に対し、併願優遇で1000人以上が受験をして、全員が合格したため倍率が1・0倍です。**信じられないかもしれませんが、これが高校入試特有の事前合格保証制度です。

・フリー受験が高倍率になる学校も

一方、併願優遇を受けなかったフリー

受験でも332人が受験し、189人が合格しました。こちらは、当日の筆記試験の得点次第の実力勝負です。併願優遇の基準に達しなかった場合、このようなフリー受験で受ける方法があります。

一つだけ注意点があります。私立高校の中には、**併願優遇の合格者が多すぎるために、併願優遇のないフリー受験が極端な高倍率になってしまう学校があります。**

たとえば、2023年の目黒日大は、推薦や併願優遇で募集枠が埋まってしまったようで、フリー受験の倍率は約20倍の激戦でした。私立高校によってどれだけフリー受験枠が用意されているのかは異なります。併願優遇の実施校をフリー受験で受ける場合、個別相談会などで、例年どれだけのフリー受験枠が用意されているのか尋ねてみましょう。

コース制私立高校の注意点

コース制私立高校に多い注意点も指摘しておきましょう。

一つ目が指定校推薦の利用禁止です。これはコース制私立高校ではよくあるルールです。最上位のコースで指定校が禁止されている学校が非常に多いです。制限を設ける理由は、一般入試で大学合格実績を出してもらうためです。

何人かの生徒に聞いてみたところ、中堅校は大半の高校が上位コースで指定校推薦の利用を禁止しています。指定校推薦だけでなく、公募推薦や総合型選抜の応募も封じられることが多く、真面目な生徒ほど損をする可能性があります。よくある事例として、同じ学力帯で私立高校の下位コースに進学した子や、制限のない都立高校に進学した子が希望進路の公募推薦や指定校推薦で合格を勝ち取り、自分はそれを許されないことに対する理不尽さを感じている高校生がいます。

多様な入試制度の利用は高校生にとって本来「権利」であるべきですが、多くのコース制の私立高校でこの権利が制限されている現実があります。

二つめの問題は部活動制限です。上位コースの生徒に対し、部活動への参加を禁止する学校や、運動部への参加を許さないケースもあります。これも、大学合格実績向上が目的です。

三つ目の問題は、長時間の拘束と大量の課題による指導です。一部の私立高校では、生徒に対して過剰な拘束時間を要求することがあります。ある高校では放課後予備校として放課後講習が実施されます。一見、手厚い指導に思えますが、「授業の質が低く自分の学力に合っていない場合、本当に必要な勉強時間が確保できない」と感じる生徒もいるようです。

「塾いらず」をアピールする私立高校にはこのような実態もあるのです。生徒たちは自分に合った学習をする時間が不足し、塾や予備校に通う時間も確保できず、自分の学習計画を立てることが難しいという声もあります。

説明会に行くだけでなく、実際に通っている人に話を聞くなど、入念なリサーチも必要でしょう。

STRATEGICALLY PREP FOR HIGH SCHOOL

中入生と高入生で学力は変わるのか？

中高一貫校に高校から入学することに関して、ネット上では否定的な意見が目立ちます。個人的にとても残念な風潮だと感じています。中高一貫校に高校から入学した教え子たちは、最初は中入生の存在に不安を感じたものの、**卒業時には中入生と高入生の区別がつかないほど溶け込んでいった**と語ってくれるからです。

その高校の校風や教育方針に共感していて、積極的に中入生とコミュニケーションをとる心意気で入学すれば、その心配は杞憂です。

どうしても不安を感じるなら、高校1年生の間は高校入学者だけのクラスを設けている学校を選んでみてください。最初の1年間は、高校入学者だけで固まるので、友だちを作りやすいと思います。

中入生と高入生が3年間別クラスの学校もあります。合理的に思えますが、「同じ学校に所属しているのに一体感がない」という声が聞かれます。個人的には、同じ学校の生徒

ある私立高校の中入・高入別大学合格実績

	東大	京大	東工大	一橋大	早慶上理	MARCH	卒業生累計
全体	39	13	39	20	1163	891	1082
中入生	34	9	29	15	879	644	832
高入生	5	4	10	5	284	247	250

※中入生は高入生の約3倍の卒業生がいるため、
比較するには高入生の実績を3倍にする必要があります。

同士が合流し、刺激を受け合うことが望ましいと感じます。

大学合格実績についてはどうでしょうか。上の表にあるのは、ある私立高校の3年間の中入・高入別の大学合格実績累計です。2016～2018年と少しデータが古いのですが、参考にはなるでしょう。中入生は高入生の約3倍の卒業生数がいます。大学合格実績を比べるときは、高入生を3倍してください。

東大合格者は、中入生が優勢です。高校受験で、東大合格のポテンシャルを持つ生徒は、都立トップ校や開成に進学しますから仕方がありません。**しかし、その他の大学合格実績は中入生と互角です。**思ったよりも差がないと思いませんか？

中堅系の私立高校になると、高入生が優勢の学校が増えます。高校受験による学力担保効果が大きいからです。高入生は、高校受験の学力担保効果を信じて、胸を張って入学してください。

・高入生が注意するべきカリキュラム問題

中高一貫校に高校から入学しても、友人関係は世間でいわれるほど悩まないし、大学合格実績も悪くはありません。そうはいっても、デメリットは存在します。不満を感じるとしたら、次の二つです。

一つはカリキュラム問題。**高校2年生で中入生と合流する私立高校は、1年間で授業進度を合わせるために超特急で飛ばします**。特に数学はかなり無理をすることになります。開成高校に進学した生徒ですら、夏休みや冬休みの新入生向けの特別補習もあって、やっと追いつくという具合です。

ましてや、開成よりも下のレベルで数学に不安があると、中高一貫校の高入生カリキュラムでは落ちこぼれるリスクが増大します。

また、英語は中入生の生徒のレベルが思ったよりも低く、授業もそれに合わせて進むため、**期待よりも英語の授業のレベルが低かった**というのは、伝統男子校でよく聞く不満です。**英語は、高校から始まる学校のほうがレベルの高い授業が展開されやすい**と考えたほうが良いでしょう。

もう一つは部活動・行事問題。部活動は、すでに完全に出来上がった人間関係に飛び込まなくてはなりません。ときどき聞くのが、高校から別のスポーツに取り組みたいと思い初心者で入部したら、上達した中入生ばかりで、初心者が入りづらい雰囲気で退部してしまったというもの。

高校から新しいスポーツに取り組みたい場合は注意が必要です。弓道部、ラグビー部、ダンス部のような高校から始める生徒が多い部活動は、中入生がいるのといないのでは初心者の入りやすさが大違いです。文化部はそれほど問題にはならないでしょう。

高校から入学した生徒たちも行事の中心にいる学校は、うまく高入生が溶け込んでいる証拠です。一部の学校では、伝統的に生徒会長や行事の実行委員長は中入生が取り仕切るところもあります。行事好きの人は、高校から入学した生徒たちの行事での活躍ぶりに注目してみてください。

あとがき

2022年6月にX（旧Twitter）で情報発信を開始して以来、多くの方からの反響と相談が寄せられ、その数は増え続けています。この転機は、Xのスペースという音声トークライブに参加したことから始まりました。その場で小学生の保護者たちが高校受験に関する漠然とした不安を打ち明けてくれたのです。

「良い学校に入るにはオール5でないと……」「体育や音楽が苦手だと高校受験は難しいらしいよ」「高校受験は選択肢が少ないって本当？」

一つひとつの疑問に回答したところ、フォロワー数が急増し、出版の機会をいただく運びとなりました。

中学受験率の高い地域の保護者たちは、葛藤《かっとう》の渦の中にいます。

子どもらしい生活を送ってほしいという思いと、中学受験をする子どもたちの勉強姿勢を見て「このままでいいのだろうか」という不安に揺れ動かされています。

これは、中学受験率の高い地域ならではの保護者の葛藤です。

第1章では、この両者の要望に応えるための方策として「戦略的高校受験」を提唱しました。この考えの根底にあるのは、グローバルスタンダードの学びです。人口減少、専門性の求められる時代、外国人の増加……。これから未来にかけて起こるさまざまな変化と問題に、今の学びで対応しきれるのでしょうか。

私が提唱する「戦略的高校受験」の三本柱は、単なる受験のためではなく、22世紀の日本で生き抜くために必要なスキルとして捉えていただきたいと考えます。

第2章は公立中高一貫校の話です。その良さを認めつつ、どの書籍でも語られない「公立中高一貫校の闇」、つまり、受かる可能性が高くない子、そしてそこまでやらなくても合格できる子に、長期間の課金と勉強を強いる適性検査対策塾への疑念を書きました。公立中高一貫校の受検で経済的にも時間的にも摩耗することは、その設置意義からしても本末転倒です。受験産業の言いなりにならないように気をつけたいところです。

第3章では、高校受験における「二つの学習ルート」について詳しく論じています。私は幸いなことに、両方の世界を経験してきました。高校受験は一方の世界しか知らない先生が多く、両方の世界を知ることで、複雑な高校受験の解像度が大きく上がったはずです。

第4章では、保護者が最も不安に感じているであろう内申に焦点を当てました。私は、首都圏の公立中学校の進学状況に関するデータを独自に収集し、内申点分布などの情報をデータベース化しています。これらの分析を通じて得られた洞察を紹介しています。内申に対する漠然とした不安を軽減する一助となれば幸いです。

この章を読んでいただきたいのは、実は現場の塾の先生方です。いまだに古い知見を伝えている先生方も見受けられます。まずは教育現場の人間が、正しい情報を共有することが必要です。

第5章で紹介した高校受験の進路の多様性については、驚かれた方も多いと思います。現代の高校受験では、「偏差値」は学校選びのたった一つの指標に過ぎません。高校受験が「画一的」なものから「多様性」へと変化している様子に気づいていただけるかと思います。

第6章では、私立高校に焦点を当て、特に大学附属校にページを割いています。一般的に「中学受験よりも高校受験の方が入りやすい」と言われている附属校について、詳細に解説しています。また、高校受験の主流である「コース制」についても触れています。コース制は多様な学力層に対応しており、選択肢が十分に残されていることを示しています。

高校受験における現在の課題も述べておきましょう。それは発達障害や不登校の子どもたちの高校進学への対応で、まだまだ改善の余地があります。たとえば、不登校が継続すると内申点が「斜線」扱いになりますが、東京の都立高校を受験する場合、当日の筆記試験の点数だけで合否判定をしてもらえます。しかし、途中から復学すると低い内申点がつけられて高校進学が困難になるという制度の問題があります。これについては、懇意にしている東京都議会議員さんが議会で粘り強く訴えてくださり、教育庁が目下、「内申不問の特別選考枠の導入」といった改善を検討中です。早急な改善を祈るばかりです。

最後に、高校受験にこだわり指導をする、ある個人塾の先生の言葉を引用します。

「本人が生きる前にスケッチしないで、白紙のままで、とっておきましょうよ」

高校受験の魅力は、自らの意思で進路を選択できることです。12歳と15歳では「別人格」です。自己認識が確立し、将来を見通すだけの力が備わった15歳の選択は、まぎれもない本人の意思による人生選択となるはずです。人生のスケッチブックに何を描くのかを決めるのは子ども自身です。親ではありません。

この本の執筆にあたり、Gakkenの古川有衣子さん、フリー編集の樋口由夏さん、また、各章でご協力いただいた方々に深く感謝申し上げます。

東京高校受験主義（東田高志）

【STAFF】

編集協力	樋口由夏
イラスト	ホリグチイツ
図版	石山沙蘭
ブックデザイン	金澤浩二
DTP	野中賢（システムタンク）
校正	山本尚幸（こはん商会）

「中学受験」をするか迷ったら
最初に知ってほしいこと

2024年6月4日　第1刷発行
2024年8月5日　第3刷発行

著　　者　東京高校受験主義（東田高志）
発 行 人　土屋　徹
編 集 人　滝口勝弘
編集担当　古川有衣子
発 行 所　株式会社Gakken
〒141-8416　東京都品川区西五反田2-11-8

印 刷 所　中央精版印刷株式会社

●この本に関する各種お問い合わせ先
本の内容については、下記サイトのお問い合わせフォームよりお願いします。
https://www.corp-gakken.co.jp/contact/
・在庫については　Tel 03-6431-1199（販売部）
・不良品（落丁、乱丁）については　Tel 0570-000577
学研業務センター　〒354-0045 埼玉県入間郡三芳町上富279-1
・上記以外のお問い合わせは　Tel 0570-056-710（学研グループ総合案内）